U0016195

鬼才思考術

4000 萬人都崇拜的
無用發明家，
腦洞大開的 71 個練習

藤原麻里菜——著　林詠純——譯

【前言】思考誰也沒想過的事情

這本《鬼才思考術》整理了我在製作作品時所累積的「創意發想法」。

我從二〇一三年展開製作無用之物的「無用發明」計畫，至今已經製作了兩百件以上的作品，包括「網美照破壞機」「有人在推特上發表『BBQ』時就將五寸釘敲入稻草人機」等。

在寫這本書的當下，我依然每個月持續製作五到十件的「無用發明」，並透過網路傳播給觀眾。我完全不知道這算是厲害還是不厲害，不，恐怕是後者吧，但我將自己視為思考無用之物的專家。

雖說是「無用之物」，但每週想出一、兩個以上的點子，並且持續將點子實現，仍是一件相當不容易的事情。明明沒有任何人要求，我卻依然規定自己每週至少做出一件「無用發明」，因此想不到點子的恐懼或類似焦慮的情緒，比別人還要加倍深刻。

我在這些經驗當中，累積了迅速想出點子，以及獨特思考邏輯的方法。照著本書收錄的各種方法去做，能提高想像力，讓思考更有彈性。如此一來，想必能以有別於以往的自由發想思考事情。

有時候在工作上需要思考企畫，有時候是學校的作業，或者也有雖然沒人要求，但自己想要做點什麼，卻沒有具體方向的時候。渴望擁有自己的觀點，擺脫隨處可見的想法——本書就是為了解決這些煩惱的一冊。

我寫這本書的時候，也舉辦了好幾場創意工作坊。

我在工作坊中，看著參加者從各自的視角誕生趣味創意的過程，覺得可藉由請他們一一停下來思考，大幅發揮想像力與發想力，因此本書的每一個項目也都加入了「想一想」的思考練習。

書中有許多思考的「契機」，如果有什麼雖然不具體但想要思考的主題時，就能將本書當成思考的線索翻閱使用，這也是我莫大的榮幸。

本書基本上是製作無用之物的發想法，因此書中也會有讓人覺得完全沒用的項目。但我本來就覺得，「思考」這個行為沒有合理的流程。

切入點與契機愈多，愈能從中開枝散葉，得到多元的創意。即使這個創意不實用、脫離現實也無所謂。首先請大家放輕鬆，在腦中竭盡所能地惡搞，感受發散的思考吧！

【本書的使用說明】

① 想法卡住時，
請適當地翻開本書，
試著運用書裡出現的技巧。

② 當思考的事情不具體時，
請當成「發想的契機」使用。

③ 空閒的時候也能翻開，
以「想一想」的練習進行思考訓練。

④ 不過，
還是從頭開始依序閱讀，
比較容易懂。

3 「轉個角度」再思考——快速切換視角的技巧

4 從「大家都知道的事」開始思考——與眾不同的技巧

5 從「自己的事」開始思考——如何讓內心的吶喊具現化

8 從「思考方式」開始思考——如何進入思考模式

Chapter 1

從「詞語」開始思考

光速產出新事物的技巧

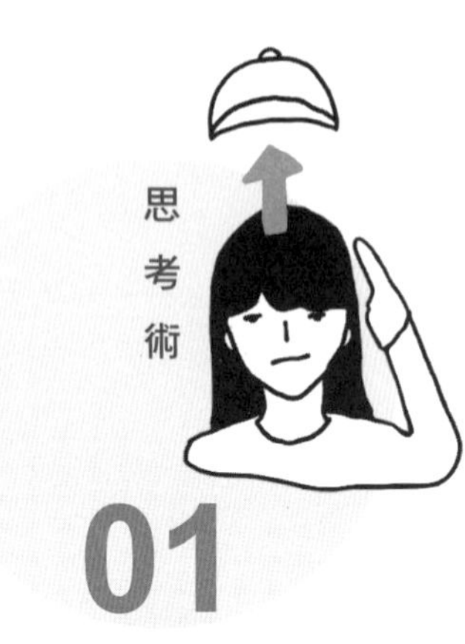

從「詞語」開始思考

思考創意時的重點是什麼呢？重要的特質似乎很多，譬如知識、視角，而在這些特質裡不可或缺的，就是「想像力」。但我也發現，長大成人之後，很少有能充分發揮想像力的場合。

話雖如此，只要有「契機」，出乎意料地任何人都會湧現各種想像，而這個為我們創造出契機的就是「詞語」。

詞語能讓模糊的形象變得鮮明。

思考新創意時，不要一下子就想勾勒出形象，有意識地「從詞語開始思考」

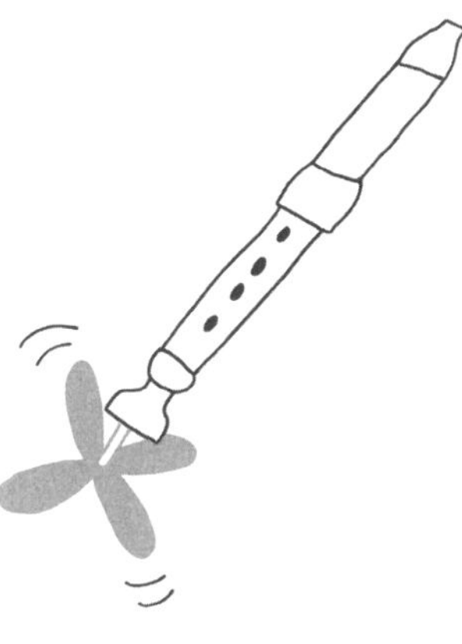

會更加容易。

從詞語開始思考的過程如下：

1：創造詞語

2：勾勒形象

3：賦予想到的形象「意義與作用」

首先創造出一個「詞語」，並對這個詞語發揮想像力。

舉例來說，如果我在這裡寫下「螺旋槳直笛」，腦中一定會浮現如上圖般的東西。

這個東西或許看起來完全沒有意義，但如果賦予它意義與作用呢？

譬如「只要吹直笛，螺旋槳就會旋轉，讓人覺得有趣」，或是「吹出風來變得涼爽」。

由此可知，只要賦予無意義的詞語意義，即使這個意義有點牽強，未曾想像過的新事物還是會在腦中成形。

「只要吹直笛，螺旋槳就會旋轉，帶來涼爽感的『螺旋槳直笛』」這個新創意就會從詞語開始的思考而誕生。

養成從詞語發想的習慣，想像力就會逐漸成長，催生出平常想像不到的點子。這是隨機創造詞語的發想法，因此思考創意的速度能夠加快，數量也能增加。這麼一來，也更有機會遇到「對的」創意。

「無用發明」中也有很多根據詞語想出來的點子。

譬如「道歉信拳擊機」這項發明。這是一個只要搡接在電腦上的拳擊機，就能自動打出一篇「商用道歉信」的機器。我也是先創造出「可以用在公司裡的拳擊機」這個詞語，才開始思考「這到底是個什麼樣的拳擊機呢？」並在最後化為想法製作出來。

只要習慣以詞語為線索發揮想像力，就能大幅提高想法的彈性，更容易想出前所未有的事物。

創意從詞語開始。那麼，該如何創造出詞語呢？利用組合名詞，加上「大」「小」等形容詞改變詞語的屬性等，任何人都能無限地創造出任何詞語。

從下一節開始，就讓我們詳細思考詞語的創造方式與發展成創意的方法吧！

道歉信拳擊機

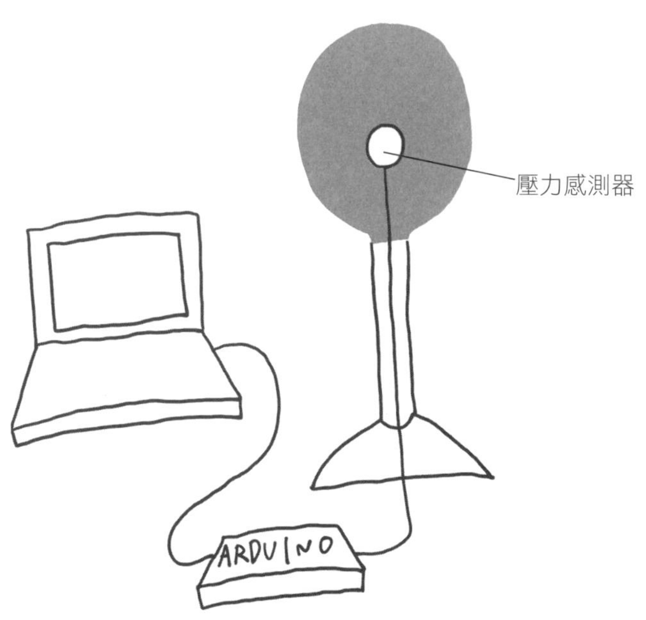

揍拳擊機後，
電腦就會瞬間寫出事先輸入的道歉信。
「平素承蒙您的照顧。
這次沒有趕上交期，造成您的困擾，
我深感抱歉。」

02 將單詞「合體」

很多不擅長思考創意的人，或許都被「創意必須無中生有」的魔咒給限制住，希望大家先將自己從這個魔咒中解放。

只要組合現有的事物，就能產生新的東西，請以輕鬆的心情思考創意吧！

我認為從什麼都沒有的地方產生全新的事物，是不可能的任務。

如果有人要求你「請發明一種新的果汁」，首先你會怎麼做呢？雖然深入亞馬遜叢林尋找不為人知的水果也可以，但從附近的超市買來各種飲料，試著將它們混在一起，更能簡單創造出新口味。

摸索不同的組合，就能在短時間內得到許多發現。

環顧自己的四周，應該輕易就能找到由不同的東西組合而成的物品。不要試圖從零開始思考，首先使用詞語，進行將不同的東西組合在一起的思考練習。

試著從下列的詞語中組合「兩種以上的詞語」，創造出不熟悉的詞語

椅子／筆／咖啡／書／料理／防水／藥／鉛筆盒／萌角色／登山／機器人／手槍／鞋子／啤酒／包包／樂器／貓／運動／電影／祭典／中二病

組合的時候最好即興思考，不要想太多。可以是「椅子包包」，也可以是「萌角色運動祭典」，重點是盡量創造出更多不熟悉的詞語。

如果創造出了「雖然不熟悉，但腦中浮現出模糊形象的詞語」，就可以進行下一步。

譬如從「椅子包包」，可以稍微想像椅子與包包結合而成的物品；從「萌角色運動祭典」，能夠浮現萌角色集合在一起踢足球的場景；從「貓樂器」能夠想像貓形吉他，或是發出貓叫聲的樂器。

尤其思考企畫之類的無形創意時，仰賴詞語就能輕易發展出更多想法。舉例來說，假設我趕著企畫某項新活動，就會從右側的詞語列表中看看能夠創造出什麼點子。

重新看著列表思考，「電影」與「祭典」看起來是非常普通的詞語。但如果再試著將下面的「中二病」加上去呢？「中二病電影祭典」似乎就能成為集中放映中二病電影的獨特活動，「啤酒登山」似乎也很有趣。

像這樣隨機組合詞語，就能創造出「標題」。

從這個標題發揮想像力，想像「這是個什麼樣的東西？」那麼超現實的想像，就能轉變成有形的創意。

思考術 03 思考「用途」

接下來請賦予創造出的詞語意義。「這是什麼樣的東西？」「這個東西用在什麼時候？」「誰會擁有這個東西？他又有什麼樣的感覺呢？」問自己這些問題，讓想像力進一步發揮。

這時請即興賦予剛才創造的詞語作用，當成思考練習。試著讓思考更加具體，就能雕琢想像力。

然而思考的時候，「說是這麼說，但這個該怎麼做？」「話說回來，這個真的有趣嗎？」「類似的東西已經有人做了吧？」等現實面的問題可能會浮現。

但在這個階段，重要的是發揮想像力，因此請有意識地暫時拋開現實，進行「概略、粗糙、即興」的想像，並列出你想到的作用。

想一想

剛才創造的詞語，具體來說是什麼樣的東西，試著想像作用與意義。

以即興的方式賦予即興創造的無意議詞語作用與意義，會有什麼樣的結果呢？這個步驟會成為讓思考三級跳的線索。

以我為例，我想到了這樣的東西。

- **料理鉛筆盒**：能夠精簡收納廚具的鉛筆盒，單身生活的小廚房也能將廚具收拾整潔。
- **手槍樂器**：將手槍改造成樂器，訴求反對暴力與世界和平。

· **啤酒電影祭典**：能夠暢飲美味啤酒的電影活動。在30度以上的室內，邊看著以沙漠等炎熱地方為舞台的電影邊喝啤酒。

具實用性的作用當然可以，但讓人覺得「好多餘啊」的無聊作用也沒關係。希望大家可以盡情發揮想像力。

04 思考「形容詞」

「創造詞語並賦予作用」是在本章思考的發想手段。前面已經利用名詞與名詞的組合創造新詞語，接著就來探討將名詞加上形容詞以創造新形象的方法。

對名詞加以形容，物體的形象就能更具體。譬如「有設計感的手機殼」很常見，但「靠不住的手機殼」聽起來就很創新，除此之外還能接著想出「貧窮的手機殼」「柔軟的手機殼」等。

企畫也能以類似的原理思考。「愉快的登山」雖然普通，但如果變成「吵鬧的登山」，就能想出脫離常識的趣味企畫，除此之外還有「有型的登山」以及「靠不住的登山」等。

形容詞的例子

消失的／純白的／明亮的／顫悠悠的／幼小的／易怒的／卑鄙的／汙穢的／吵雜的／可愛的／卡卡的／時髦的／微暗的／有趣的／骯髒的／少根筋的／極細的／有型的／沒有實體的／閃爍金黃色光芒的／新型態的／貧困的／全自動的／家庭的／沉悶的／防水的／適合大人的／圓的／軟的

前面也介紹過的「道歉信拳擊機」就是由「可以用在商務場合」與「拳擊機」這兩個詞語組合而成。我在思考的時候，對「拳擊機」加上「可以用在商務場合」的限定形容詞，讓我更容易想像其他的作用。

你可以使用隨便想到的形容詞，而想不到的時候，也可以參考右邊的例子，或者漫無目的地上網瀏覽形容詞列表也能成為線索。

只要將詞語組合在一起，就能輕易擺脫既有印象。

思考創意時，能不能任憑想像力自由馳騁最是重要，而詞語就能助你一臂之力。

想一想

將口罩加上有違和感的形容詞，思考「新型態口罩」。

新型態口罩

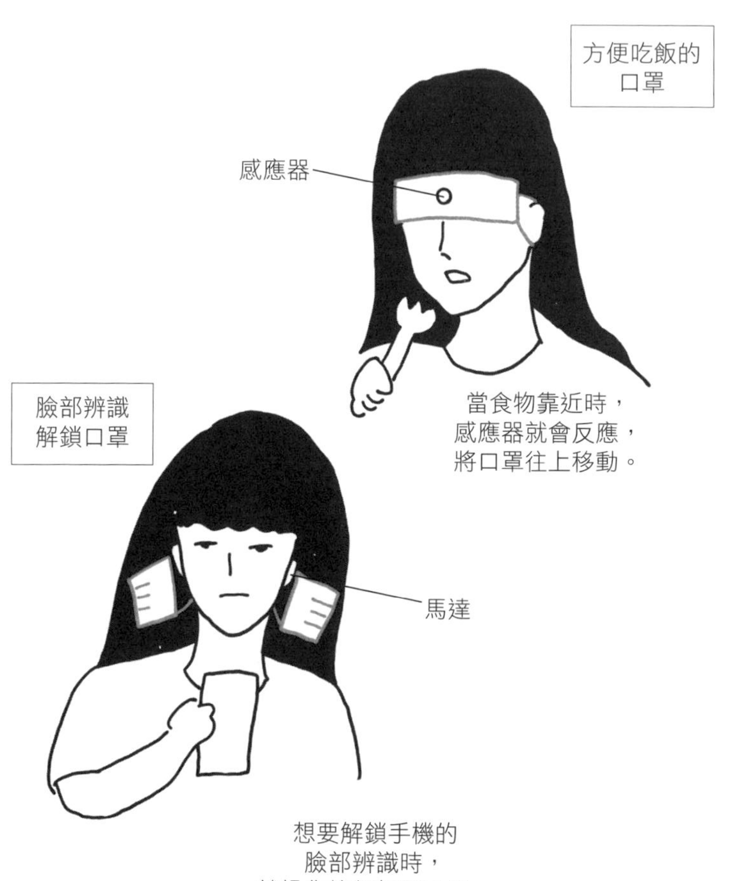

想要解鎖手機的
臉部辨識時，
就操作按鈕打開口罩。

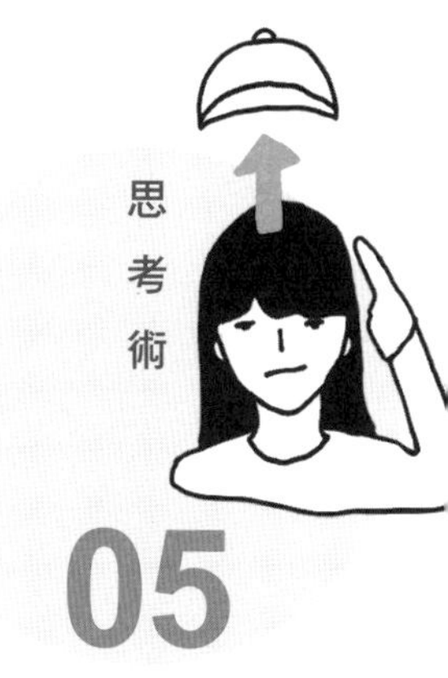

05

「反過來」思考

我們經常看到「反向思考」，將各種事物反過來，就能以截然不同的視角看待。我的「無用發明」，也是透過顛覆「發明或製造是為了生產有用之物」的一般常識所得到的點子。

「反過來」思考，前所未有的事物就會浮現，所以當我腸枯思竭時，就會不管三七二十一「反過來」想，如此一來，就能輕易破壞常識。

舉例來說，「背包」是背在背後的東西，但是我把這個概念反過來，想出了專門用來抱在胸前的背包，名稱就是「前背包」。

接著就請大家想想看抱在胸前的背包有什麼好處。

搭乘擠滿人的電車時，為了避免妨礙其他乘客，將背抱在胸前是禮貌。但是上車前做這個動作實在很麻煩，如果背著我想到的前背包就不會有壓力，因為背包原本就抱在胸前了。

此外，在商店付帳時，從背包拿出錢包會讓人感到些許壓力，但如果是前背包就能順利拿出來；還有，前背包也能降低遭遇扒手的風險。

怎麼樣？你是不是開始覺得「前背包」有點魅力呢？

接下來先把我這個發揮不了什麼作用的點子擺在一邊，參考一下現有的熱門商品吧！

有一款收合方向反過來的雨傘「GAX Umbrella」，由於收合的時候，沾到雨滴的那一面會收在內側，就不會再因為拿著溼答答的雨傘而造成旁人的困擾。

由此可知，只不過在物理上反過來思考，就有可能以誰也沒有想過的方法解決問題。

反過來思考的時候，可以思考「前與後」這種物理上的反過來，也可以思考「鹹與甜」「熱與冷」或是「愉快與無聊」這類性質或印象的反過來。將物品與概念結合與原本相反的性質，就能產生未曾看過的事物。

面紙是柔軟的東西，那麼「堅硬的面紙」如何呢？象棋看在不熟悉的人眼裡是無聊的活動，那麼「令人捧腹大笑」的象棋怎麼樣呢？

像這樣找出詞語的組合，就能以全新的視角思考事情，激發想像力，讓創意更容易誕生。

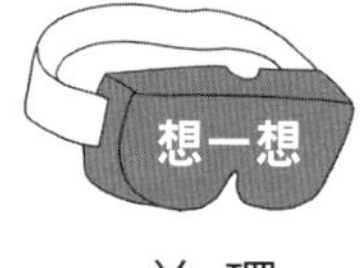

環顧四周，將眼睛看到的東西「反過來」思考，並且想想看反過來的好處。

前背包

一開始就掛在胸前，
因此搭電車前不需要將背包換方向，
買東西的時候也容易拿出錢包，非常方便。

從「雙關語」開始思考

如果有什麼正在思考的主題，那麼試著從相關名詞或主題思考「雙關語」，有時也會成為想法的突破點。

思考雙關語時，最好結合大家都很熟悉的東西，譬如民間故事、諺語、名人等大家擁有某種共通印象的事物，就能產生落差、創造出趣味，這裡以ＡＩ為主題思考舉例：

・AIdol（AI × Idol）：搭載人工智慧的偶像（Idol）。

・吉田ＡＩ作（ＡＩ×吉田榮作）：只會說流行語的人工智慧。

雙關語就是創造「新的詞語」。你或許會覺得很無聊，但雙關語能夠在與該事物原本的性質無關的脈絡下思考新的詞語組合，實在非常棒。透過這項作業，就能想到過去未曾想過的事情。

就算已經脫離雙關語的範疇，也能以類似雙關語的感覺，將名詞與另一個名詞硬是組合在一起。

・棄養ＡＩ（ＡＩ×棄犬）：丟進紙箱裡就會哭叫的人工智慧。

・ＡＩ太郎（ＡＩ×桃太郎）：前往鬼島的路徑、擊退鬼的方法等全部都透過 Google 搜尋的故事。

從創造的詞語產生意義，並將其形象具體呈現，就會誕生誰也沒看過的東西。雙關語能讓想像三級跳。

從「AI」創造雙關語，思考新型態人工智慧。

思考術

07

改變「主詞」

改變事物的「主詞」，它的性質就會發生變化，就能由此想出新的創意。譬如背包是人類使用的物品，只要將主詞從人類變成其他東西，新的物品就會誕生，像是貓用背包、地獄犬用背包。

利用這種方式思考，即使是了無新意活動或企畫，也能從中得出新的創意。

世界上存在著五花八門的選秀節目，譬如富豪尋找結婚對象、能否以偶像身分出道的審查等，因為選秀節目只要更換主角，就能想到無數變化。

「選美大賽」也一樣，有選拔美女的比賽，選拔美男的比賽，甚至還有選拔美犬、美貓的比賽。「選美」這個主題只要改變主詞，同樣能發展出無數的創意。

再者，詳細設定主詞的細節，也能想出更冷門的點子。

舉例來說，選美不是選拔「美人」，而是選拔「吃飯吃得優美的人」，或是「襪子穿得優美的人」。

只要在細節做出各種變化，就能創造大幅偏離原本活動的全新選美比賽，而各個比賽都能誕生不同種類的趣味。

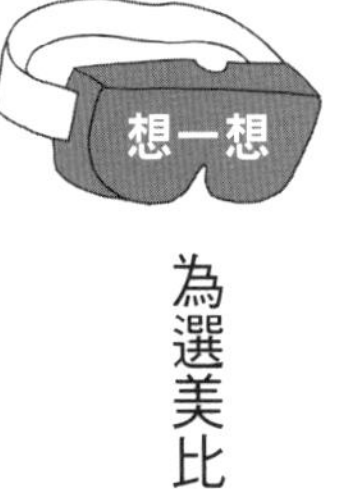

為選美比賽加上你想到的主詞，創造全新的選美比賽。

08 組合「輸出媒介的詞語」

改變選美比賽的主詞，就能創造出新的選美比賽。不管主詞是什麼，只要將「選美比賽」加在最後，就會變成某種選美比賽。

沒錯，從詞語開始思考創意時，總結的詞語發揮了非常重要的作用。舉例來說，「機器」「網站」「祭典」這些詞語也發揮了和「選美比賽」類似的總結效果，我稱這些為「輸出媒介的詞語」。

我通常不會想太多，而是直接將眼睛看到的東西，跟腦中想到的東西組合在一起，邊摸索邊思考。但是，現在映入眼簾的是「氣泡水」與「面紙」，這兩個組合在一起有什麼點子呢……想破頭也想不到。

這種時候，只要與輸出媒介的詞語組合在一起，思維就會一下子變得開闊。

我在「無用發明」中製造的是機器，因此只要加上「機」或「裝置」，任何事物都會變成創意的靈感。舉例來說，只要創造「氣泡水機」或「面紙機」之類的詞語，立刻就變得容易想像。

「輸出媒介的詞語」範例

書……「大全」「全集」「聖經」

科技類……「APP」「AR」「VR」「網路服務」

部落格……「〇選」「懶人包」

活動……「節」「祭」「市集」

能夠在企畫會議等場合不斷提出想法的人，多半有大量的輸出媒介詞語。就算是模糊的點子，只要加上這些詞語，也能想像具體形式，變成像樣的創意。

想要增加輸出媒介的詞語，從日常就必須重視對詞語的意識。平常就留意街道、商店、書本、電視、網路等商品與服務項目，就能不知不覺記在腦海裡。

電車廣告、新聞標題、廣告文案等的結尾與開頭，都會加上哪些詞語呢？如果有特別感興趣的，可以記錄下來，

試著為前面創造的詞語，加上各種「輸出媒介的詞語」。

○

○

○

本章以思考創意時的基本方法——「創造詞語發揮想像力」為中心介紹，將

物品與物品結合、放大、反過來，就能浮現各式各樣的創意。

從下一章開始，將從「發現問題、解決問題」開始思考。

如果能夠發現生活中的許多「問題」，就更容易想到新的創意。接著就讓我們來看看如何發現成為創意契機的問題，以及如何由此開始思考創意吧！

Chapter 2

從「半徑一公尺」開始思考

有效活用煩悶感的技巧

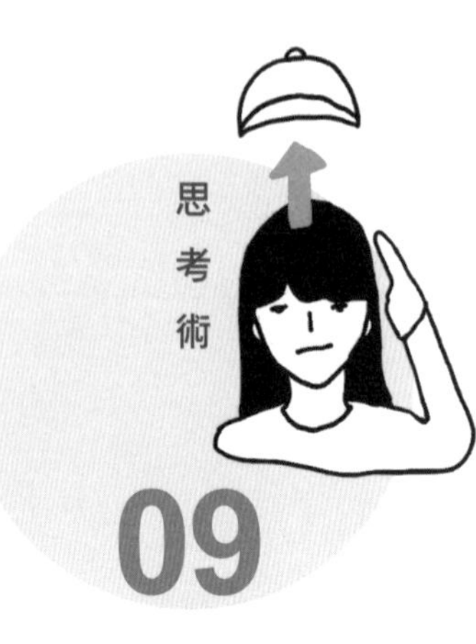

09 意識到「小問題」

世界上多數的商品與服務，都從企圖解決現有問題的發想中誕生。

首先，請想像一下身邊的產品是為了解決什麼樣的問題。

譬如「電子書閱讀器」。

書本很占空間。文庫本就算了，每天攜帶精裝書或厚厚的參考書相當辛苦，也有很多人對於書本太占地方、壓迫屋內空間感到有壓力。但只要有電子書閱讀器，這些問題全部都能解決。

或者能在保持溫度的狀況下隨身攜帶的水壺、減輕氣味的電子菸等，只要去思考平常使用的東西解決了什麼不便，就會發現原來日常生活中存在著許許多多的問題。

很多「無用發明」也同樣以問題與解決為基礎進行思考。

或許有人會覺得「你做的明明是無用之物，能夠說自己解決了問題嗎？」但只要在「問題」的部分鑽牛角尖，或是在「解決」的部分想得扭曲一點，就能想出奇特的點子。

舉例來說「線上聚餐逃離鈕」這項發明，就是在因疫情而流行時製作出來的線上聚餐裝置。

我參加過一次線上聚餐，發現和普通聚餐不一樣，沒有散會的時機，因此很難退出，有種說不出的厭煩感。

我比較懦弱，說出「我先退出」這句話需要勇氣，因此心想「如果有一種機器，讓我按個按鈕就能不著痕跡地退出，那該有多好……」於是製作了這項發明。

說到「問題」，或許也有人會一下子就把思考格局放大到社會問題。但是，不需要如此裝模作樣。思考創意的時候，首先需要認知到自己半徑一公尺以內發生的事情。留意「很難退出線上聚餐」這類日常生活中感覺到的「微小壓力」，就能成為思考的線索。

每個人都會在每天的生活中感受到微小的壓力，創意的多寡就取決於對這些微小的壓力有多高的意識。日常生活中潛藏著許多這類壓力，但幾乎只會讓人感到些微不適，所以很難發現。

本章將帶大家一起思考如何察覺這些能夠帶來創意的微妙壓力、容易感受到壓力的狀況，以及如何將這些壓力變成創意。

線上聚餐逃離鈕

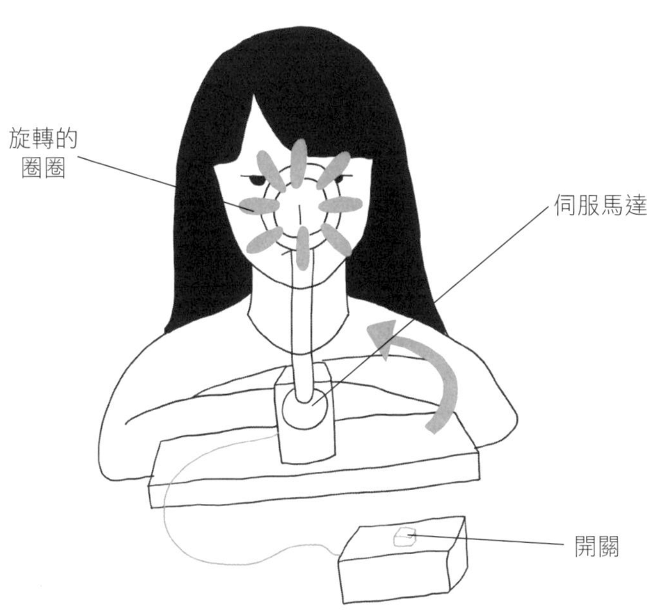

按下按鈕，畫面看起來就像斷訊，
出現旋轉的圈圈。

思考術

10 從「壓力」開始思考

請你回想一下日常生活中有哪些壓力。

如果只是漫無目的地想，也很難想得出來，所以隨便什麼都好，請先從狀況開始思考。可以將範圍侷限在某個狀況，**或是與某種事物相關的壓力**，就更容易想到。

「通勤」的壓力

・在擠滿人的電車上，被包包的邊角戳到腋下

・通過閘門時，擔心ＩＣ卡的餘額不足
・電車的座位上放著揉成一團的面紙就會不想坐下

「洋芋片」的壓力

・吃洋芋片時手會黏黏的
・留在袋子裡的碎片很浪費
・不知道為什麼都想在深夜吃

請你仿照這些例子，具體描述日常生活中的壓力。

譬如「早晨」感受到什麼樣的壓力呢？

如果是上班族，也可以鎖定例子中提到的「通勤」進行思考；如果是帶孩子的人，或許是「做便當」或「梳洗換裝」等，每個人都有自己的壓力。

過著愈一般的生活，愈容易想出點子。因為「一般」就代表多數人都生活在與自己類似的環境下。

自己與社會多數人的共通點愈多，愈容易想出打動許多人的創意。意識到自己的這個強項很重要。

上班族更容易想到打動上班族的點子，自由工作者更容易想到打動自由工作者的。如果有環境面的共通點，譬如在公司工作，或是遠距工作，更是思考創意的絕佳條件。

或者吃洋芋片也是多數人都會做的事情。請把這種從「與多數人的共通點寫出壓力」當成思考的重點。

想一想

請舉出「早晨」感受到的壓力，並將壓力加上「輸出媒介的詞語」，變成創意。

舉例來說，我從「早晨」這個主題聯想到通勤的壓力。

就像在前面的例子中也提到的，通過閘門時，經常擔心ＩＣ卡的餘額不足。在餘額不足的時候，光是進不去閘門就已經夠可怕了，身後上班族帶給我的壓迫感更是不得了。通勤爭的就是那一秒，沒有優雅道歉的時間。

這時候，如果有個機器，讓你按個按鈕就能向背後的人道歉，不是很方便嗎？

餘額不足道歉機

因為餘額不足而卡在閘門時，
只要按下按鈕，
貼在背上的顯示板就會顯示
道歉的句子。

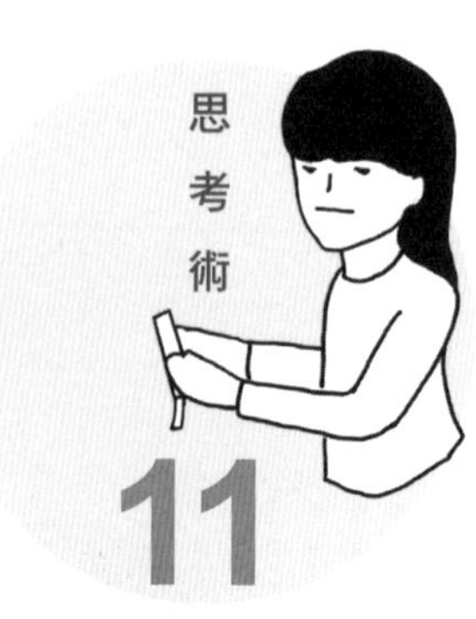

從「失敗」開始思考

日常生活中的很多情境都會給人瑣碎的壓力，在這些壓力當中，「失敗」最容易被意識到，並帶給人思考的契機。

任何人都曾在生活當中失敗過。舉例來說，誰都曾在做乾泡麵的時候，因為瀝水的力道太大而把麵甩進水槽裡；也曾為了還書而與朋友約見面，結果最重要的書卻忘了帶吧？希望大家可以從這些失敗中思考創意。

從失敗中誕生創意的思考方法有兩種，一是思考「該怎麼做才不會失敗」，另一種則是「失敗了該如何補救」。

先想想看避免失敗的方法。譬如洗湯勺的時候，因為水花四濺而把衣服噴得溼答答，是常見的失敗。我總是在被噴得溼答答的時候想，如果經過更精密的計算，不就可以做出不會水花四濺的湯勺嗎？這應該是湯勺公司的疏忽吧？

此外，穿著褲頭拉鍊全開的褲子在街上走了一陣子，或是直接站到人前，也是誰都親身經歷過的失敗吧？可以想想看這個失敗該如何避免。

想一想

請回想最近的失敗，
並思考避免這個失敗的方法。

我想要針對「穿著褲頭拉鍊全開的褲子站到人前」的失敗，思考避免的對策，或許使用物聯網（Internet of Things，ＩｏＴ）技術就能解決。所以我製作了在褲頭的拉鍊裝上感應器，是如果拉下拉鍊一定的時間，就會傳一則「你的石門水庫沒關喔」的訊息到自己的ＬＩＮＥ帳號的裝置。

褲頭的拉鍊開開
就會傳 LINE 的裝置

如果褲頭拉鍊拉開一段時間，
感應器就會反應，手機就會收到訊息。

12 換個觀點看待「失敗」

不去想如何避免失敗，而是去想該怎麼做才能讓失敗變得無所謂，也能帶來創意。

若是以「褲頭拉鍊開開出現在人前」的失敗進行思考，那麼舉例來說，就是製作即使在人前褲頭拉鍊開開，圖案也能成為偽裝的內褲等。

如果是牛仔褲圖案的內褲，或許即使褲頭拉鍊開開也不會被注意到，不然乾脆把電影〈鬼店〉的傑克·尼克遜印在內褲上，只要拉鍊開開就能重現那個知名場景似乎也不錯。說不定還會有人覺得「難道褲頭的拉鍊應該拉開才對嗎？」

創意的基本是解決問題，但也不一定每次都要將問題從根本上解決。第3章「轉個角度再思考」會再提到，「換個觀點」也是一種解決方法。**暫時脫離常識，換個角度改變觀點**，就能發現別人想不到的點子。

・不要防止失敗，而是要去思考失敗後帶來的好處。
・以「失敗是人之常情」為前提，思考如何補救。

請試著從這兩個觀點思考。

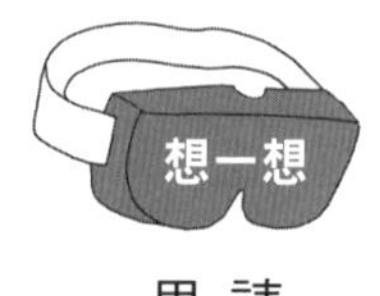

請針對前一項舉出的失敗，思考換個觀點的創意。

如果從水花四濺反而更好的相反的觀點來看「洗湯勺時會水花四濺」的失敗，

會怎麼樣呢？如果水花四濺能夠帶來什麼好處，就會令人開心。

譬如製作能夠掛在水槽邊緣的盆栽，「用湯勺噴出來的水培育巴西里」如何呢？這麼一來，水花四濺就能創造「蔬菜成長」的好處。

像這樣從各種不同的觀點思考一個問題，更容易想到前所未有的創意。

用湯勺四濺的水花澆水的盆栽

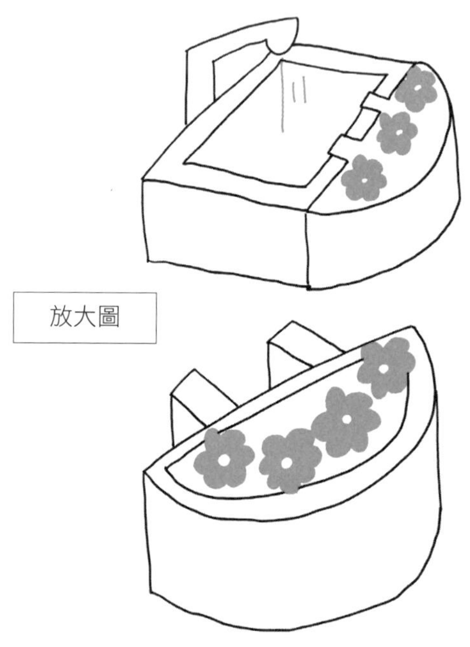

將盆栽在掛在水槽前，
就能用湯勺四濺的水花澆水。

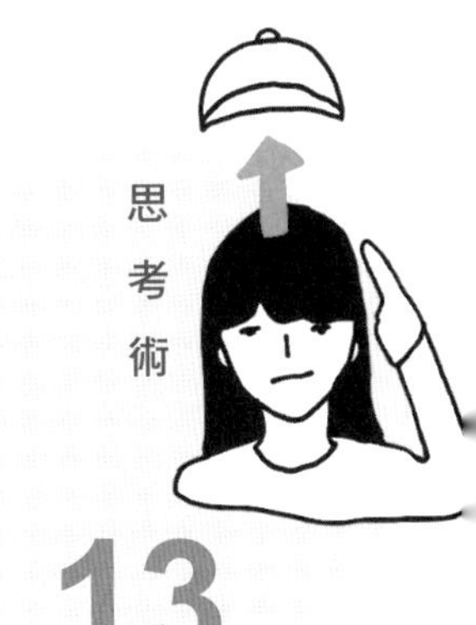

13 從「規則」開始思考

生活中最容易感受到壓力的情境，就是覺得「被規則綑綁」的時候。

人們的生活當中，必定存在著規則或規律。有些規則如法律或條例是為了保護社會秩序，但如果以更小的範圍來看，公司與學校有各自的規定、社會有社會的默契，甚至家人與朋友之間也都有規則，遊戲與運動當然也有規則。

總而言之，規則無處不在，社會就靠著規則建立。

我們為了遵守規則與秩序，有時必須忍耐，或是克制欲望。譬如其實想睡回籠覺，但上班不能遲到，因此勉為其難起床的時候；或是其實想將頭髮染成粉紅色，但因為公司或學校的規定而必須忍耐的時候；或者足球如果可以用手就能輕鬆獲勝，但是必須用腳才行的時候。

生活中有很多想要反抗規則的瞬間，人在這一瞬間就會感覺到壓力。請試著根據對規則的違和感與叛逆心思考創意。

學校的校規有哪些讓你想反抗，或是曾經實際打破過？公司有哪些規定讓你覺得太嚴格？

公司規定在遲到或是請假的時候，必須給公司請假通知，這實在是一件麻煩的事情。

舉例來說，當你覺得「我今天想睡回籠覺，直接翹班吧！」卻還是得特地坐起身來，拚命思考裝病的理由再寫成郵件，這時候真是痛苦；或者單純只是身體不舒服，卻還要拚了命思考郵件該怎麼寫，這時候也覺得很辛苦。

此外，日本很重視印鑑，或許也有很多人對這條規則感到有壓力。譬如帶自來水印章去簽約，結果對方說「不能用自來水印章」，或是單純只是忘記印章的時候。

請想一想自己活在什麼樣的規則裡，這些規則有什麼意義或沒有什麼意義？

把這當成從規則思考創意的準備階段。

思考術

14 遵守「規則」

那麼，就讓我們來看看從這些「規則」中誕生的商品與服務吧！

譬如輕易就能做好垃圾分類的「垃圾丟入口分開的家用垃圾桶」、防止菸蒂亂丟的「攜帶式菸灰缸」、預防忘記蓋章的「自動蓋章會計軟體」等。

從規則思考創意時，有兩種視角：

- 思考該怎麼做才能讓自己遵守原本無法遵守的規則。
- 思考該如何讓不遵守規則的人遵守規則。

從「無法遵守規則的自己」的角度思考，會比想辦法讓別人遵守規則更容易想像不遵守規則的心態，想出不僅自己適用，也能貼近他人的創意。

如果從對破壞規則者的憤怒出發，就會想出「狙擊帶連續印章來的人的機器」，或是「肉搜垃圾不分類的人的服務」等暴力的創意。

雖然這些點子也有其趣味，但最好還是根據自己的經驗，對「不遵守規則的人」發揮想像力，敦促自己想出有「愛」的點子。

接著，請針對前一項提出的問題，想想看「該怎麼做才能輕鬆遵守規則」。

覺得寫請假通知很煩時，
有沒有什麼方法能讓這個步驟變得更簡便？
該怎麼做才能解決印鑑文化帶來的壓力呢？

針對請假通知的問題，我想到「如果只要按個按鈕，就能把事先寫好的信送出去不就很輕鬆」，於是發明了「睡回籠覺機」。

只要壓一下操縱桿，就能寄出一封寫著「我身體不舒服，今天要請假」的信給上司。因此，只要使用這個機器，就能直接躺在床上跟公司請假，順利地睡回籠覺。

雖然我製作這個機器是為了睡回籠覺，但身體真的不舒服的時候也能使用，說不定是個意外有用的點子。

此外，我也針對印鑑文化製作了「耍帥蓋章機」。

我的想法是，如果把蓋章作業變得有趣，不就能夠減輕壓力嗎？於是設計了一個可以將印章裝進手槍裡，朝著合約發射的機器。

這麼一來，蓋印章的時候就會覺得自己像骷髏13一樣帥。不過命中率還是得視自己的射擊技術而定。

睡回籠覺機

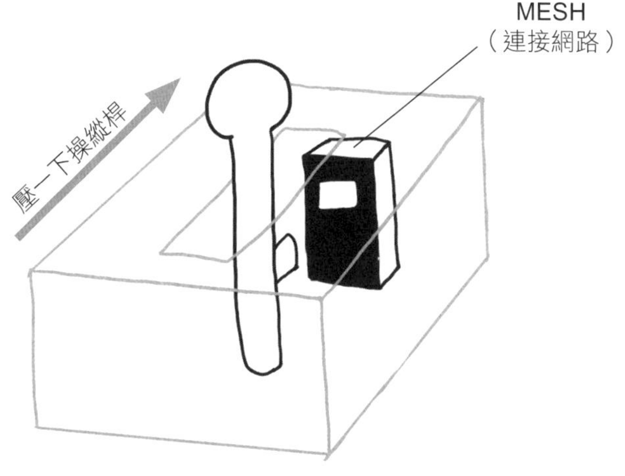

只要押一下操縱桿，
就能將請假時的制式郵件寄給上司。

遵守「禮節」

你在日常生活中，是否有過因為失禮而被指正的經驗呢？

我曾因為跟前輩打招呼時沒有脫下帽子，而被碎唸個不停。雖然被說教的時候裝出一臉乖巧的模樣，但心裡其實很不服氣。「只不過沒有脫下帽子而已，有必要氣成這樣嗎？」我實在被罵得很悶。

禮節和規則不一樣，即使不遵守也不會傷害任何人，但卻會被罵、被批評，相當不可思議。

聚餐的時候，必須監控長輩的酒杯空了沒，也必須注意座位安排；而正式的用餐場合，餐桌禮儀更是理所當然的必備知識。

禮節就和規則一樣，容易讓人感到不合理或有壓力。因此從禮節思考創意時的原理也和規則一樣，分成「自己對禮節感到壓力」或「對違反禮節的人感到壓力」這兩個方向，比較容易抓到靈感。

再者，禮節也分成「能夠理解的禮節」與「雖然無法理解，但因為已經約定成俗，所以被迫強制執行的禮節」；另外也有「想要遵守的禮節」與「不想遵守的禮節」。

透過這樣的整理分類，深入挖掘自己的壓力，想想看可以怎麼解決。

從遵守規則與讓別人遵守規則的發想誕生的商品，舉例來說有不容易掉色的口紅「Tint」（口紅的痕跡不會沾在杯緣），以及兒童用的矯正器具「學習筷」等。

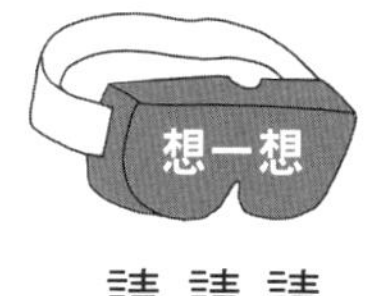

請回想被別人罵「沒禮貌」的經驗。

請想想看什麼禮節讓你覺得很麻煩，但也只能勉為其難遵守。

請想想看該怎麼做才能輕鬆遵守這些禮節。

一鍵脫帽機

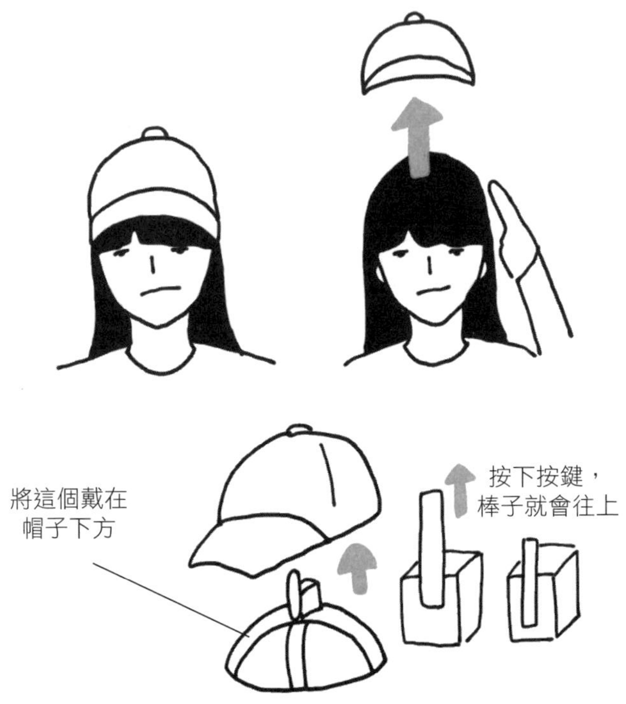

被要求脫下帽子的時候，
一個按鍵就能讓帽子飛起來。

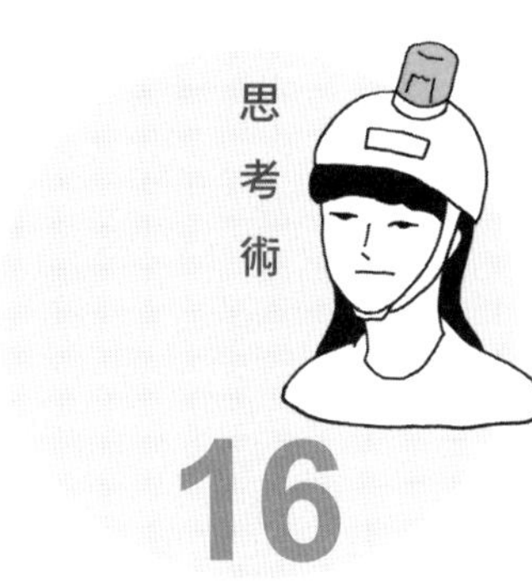

16 打破「禮節」

禮節已經成為約定成俗的習慣，在我們的生活中扎根太深，變成一種理所當然，所以不容易察覺異狀。即使發現了，也因為違反習慣的事情經常會被視為禁忌，因此不自覺地對異狀視而不見。

現在線上會議、在家工作已經變成理所當然，但在大家習慣「上班族必須通勤」「開會必須實際見面」的時候，卻無法察覺這些習慣有什麼不對。

不過，打破理所當然的習慣與禮節，就能看見前所未見的風景。

舉例來說，「交換名片」已經成為理所當然的禮節，但我覺得就算取消也無所謂。明明是所有一切都數位化的時代，卻至今還在交換紙張，讓我覺得實在很奇怪。

我會把收到的名片掃描成數位檔案、保存在雲端，但這個理所當然的作業非常沒效率。

所以與其遵守規則，不如從徹底顛覆規則的視角思考創意。

不易掉色的口紅「Tint」，雖然是為了遵守禮節而想出的點子，但我們可以反過來思考。舉例來說，或許可以想到「沾上口紅圖案才算完整的杯子」。

至於「學習筷」如果反過來想，說不定可以想出「形狀奇特，誰也無法拿得正確的筷子」。像這樣改變觀點，就能誕生獨特的創意。

平常無意識接受的習慣，能夠賦予我們創意的線索。對習慣抱持疑問，思考顛覆的方法，如果這條路行不通，也可以藉由讓這個習慣付諸流水、或是嘲笑這個習慣等，讓思考能朝著各個方向開展。

想想看該怎麼徹底顛覆讓你覺得煩悶的禮節。

舉例來說，如果朝著付諸流水的方向思考交換名片的習慣，那麼將裁紙機裝在名片夾內，一交換名片就立刻將其裁成碎片的機器如何呢？這麼一來，就能明確地將這個習慣沒有意義的訊息傳達給對方。

名片裁紙機

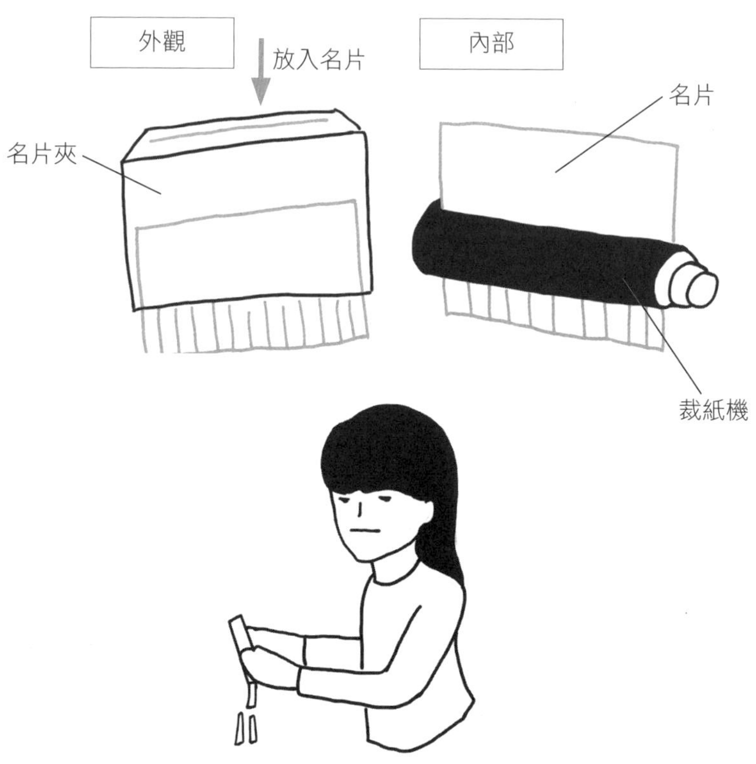

將裁紙機裝在名片夾裡，
一拿到名片立刻裁成碎片。

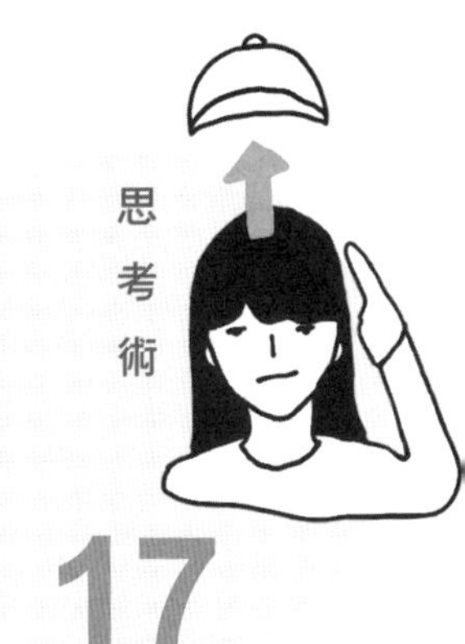

思考術

17 做「不能做的事」

有些事情雖然想做，但經過多方考量就會裹足不前。譬如把家中的物品破壞得亂七八糟、邊高聲唱歌邊走夜路、生氣的時候直接甩人巴掌、在聚餐的時候不顧禮節等。

雖然想做卻不能做。**從故意違抗規則與禮節的視角去思考**，也能想到創意。

遊戲「快打旋風II」裡，有瘋狂對一輛車拳打腳踢，把車打爛的加分關。我在煩躁的時候曾經想過，如果在現實生活中也能這麼做一定很爽快。

「這個房間裡的所有東西都能打爛」——如果有這樣的房間，一定能把累積的壓力全都發洩出去，應該會很有趣。

我因為有了這樣的想法而去調查，結果發現這種「可以將房間東西破壞」的服務，實際上已經形成一種商業模式了（這種服務以「REEAST ROOM」的名稱在世界各地展開）。

對抗社會性與理性的思維，看來也能發展成商品與服務。

解放壓抑的情緒相當爽快，具有讓人「想要這麼做」的力量，「可以破壞東西的房間」就是讓這種情緒解放的單純概念。

像這樣直線思考很簡單，又容易想出有趣的點子。因此我們就把焦點擺在生活中覺得「被壓抑」的部分，想想看該如何解放。

想想看，你在什麼樣的情況下會有解放感，又該怎麼做才能在不打擾別人的條件下體驗這種情況呢？請思考各種實現的方法，譬如裝置、活動、服務等。

廁所是別人看不見的小包廂，但如果設置在更寬敞的地方，說不定能有神清氣爽的感覺。而利用虛擬實境技術，似乎簡單就能實現。

○　○　○

日常生活中隱藏著許多令人煩悶的事情。

外出去到各種地方時，留意那些若有似無的微妙壓力，就能看見未曾注意過的事物。

撈出這些微小的異樣感，用詞語表達，就捕捉到創意的線索。

VR 草原廁所

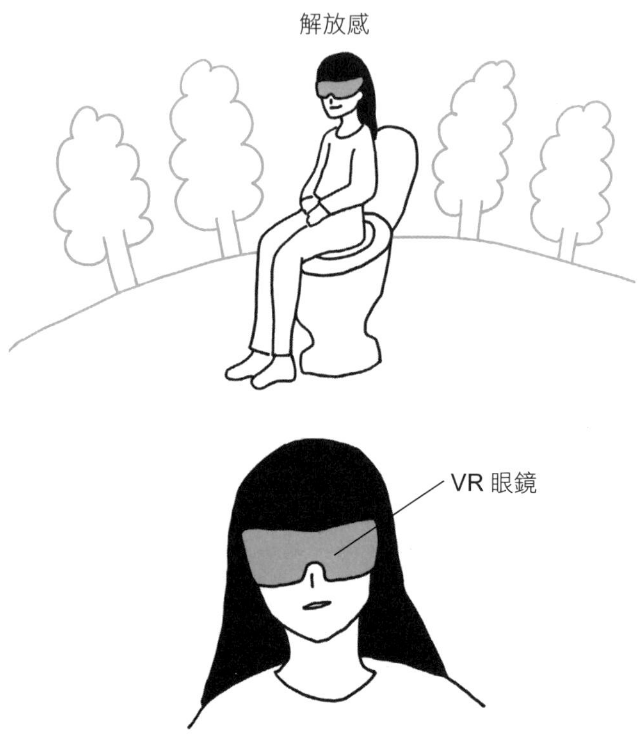

VR 眼鏡播放出廣大的草原，
享受有解放感的如廁體驗。

Chapter 3

「轉個角度」再思考

快速切換視角的技巧

思考「視角的模式」

第２章把焦點放在「發現」生活中的問題，思考創意；而本章將從「如何解決問題」的方向發揮創造力。

這時為了想出具備廣度的點子，「從什麼樣的視角看待事情」「這個視角能有多少變化」就變得非常重要。

舉例來說，針對「想要在固定時間醒來」這個問題，有什麼樣的解決對策呢？

雖然大家首先會想到「鬧鐘」，但也就能發現，很多人用一般的鬧鐘根本叫不醒。

如果去看實際販賣的鬧鐘，有的會發出震天聲響、有的會由偶像或動漫角色叫你起床、有的則會模擬太陽光，用光線將你喚醒。

換句話說，即使是「想在固定的時間起床」這樣簡單的問題，也有好幾種不同的解決方法。而且除了鬧鐘之外，還可以「請別人叫自己起床」「請別人打電話給自己」等，解決方法要多少有多少。

如果由此切換視角，換個角度想「話說回來，就算不在固定的時間起床也無所謂不是嗎？」又會浮現什麼樣的點子呢？

本章除了介紹從一般想得到的視角思考的方法，也會介紹像這種轉個角度再思考的方法。

或許有人會覺得轉個角度再思考根本沒有用，但為了能夠靈活地發想、拓展想法的廣度，這種轉個角度的視角非常重要。希望大家將本章當成發想的練習，在思考創意時破除各種框架。

運用「現有知識」解決

任何問題都一樣，知識的儲量愈多，就愈能夠順利解決……很多人都已經有這樣的感受，不需要事到如今才由我來說。

如果擁有五花八門的知識，就能從各式各樣的角度看待事物。

前一項提到的「用光叫人起床的鬧鐘」，就是利用起床時間沐浴在太陽光下就能調整生理時鐘的知識，所開發出來的產品。此外，放在冰箱裡的備長炭或是驅貓燈等，也是將知識直接化為創意的明顯例子。

如果知識豐富，創意就更容易誕生。話雖如此，現在才開始大量學習，就現實來看已經很困難。我寫這本書好像多了不起一樣，其實一般常識貧瘠到連小黃瓜跟小芋頭都無法用目測分辨。所以我推薦的方法，是運用自己現有的知識解決問題。

我覺得自己應該擁有不少科技知識，因此想出使用科技解決問題的創意。喜歡烹飪的人可以用料理解決，喜歡賽馬的人或許只要結合賽馬知識，就能想出解決方法。希望大家養成從「自己擅長的領域中不輸給別人的知識」開始思考的習慣。

雖然說是知識，但也不侷限於透過學習取得的專業內容。還包括最近不知道從哪裡得知的事情，或是好像沒什麼用的雜學、迷信。思考的時候也活用這些知識，就能柔軟地在發想中發揮作用。

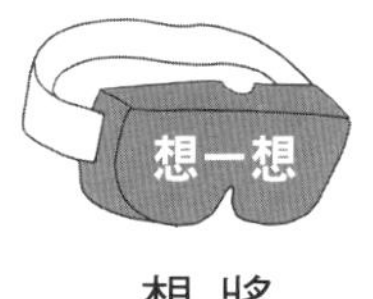

將最近得到的、或是自己喜歡的領域的知識與「鬧鐘」結合，想出新型態的鬧鐘。

如果早上喝了牛奶，當晚就能睡得很熟。這是我最近得到的知識，實際試過之後，效果非常好。那麼，裝入牛奶的鬧鐘如何呢？既能在晚上睡得飽，早上也能確實起床，而且還不會忘記喝牛奶，似乎能讓一切順利運作。

倒出牛奶的鬧鐘

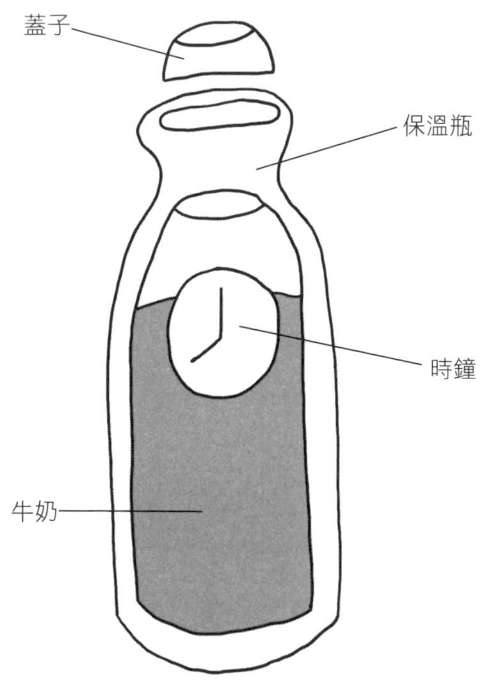

早上一醒來就能喝牛奶的
保溫瓶一體型鬧鐘。

運用「不正經的知識」解決

面對即使正經思考也怎麼都解決不了的問題時，如果停止思考就太可惜了。

我建議在這個時候，乾脆運用不正經的知識來思考。

面對重大問題時，抱著「即使不切實際也沒關係，總之先尋找解決方法」的心態，能讓思考發生什麼樣的轉變呢？就讓我們進行拓展思考的練習。

我所抱持的一項重要問題就是「這個世界不如己意」，該怎麼做才能創造能讓自己隨心所欲的世界呢……請不要覺得「這怎麼可能」，任何知識都好，希望大家挖掘儲備腦中的各種知識，想辦法解決這個煩惱。

舉例來說，在迷信當中，有好幾種「實現願望」的方法。譬如七夕時將願望寫在短籤上、念出實現願望的咒語，也有人認為只要戴著幸運手環，就能在斷掉時實現願望。如果使用這些迷信解決問題，會想到哪些點子呢？

想想看該用什麼方法解決「這個世界不如己意」的煩惱。

我想到的是「迅速說三次願望的鑰匙圈」。

有個迷信是對著流星重複說三次願望，這個願望就會實現。所以我心想，只要利用這個迷信，就能解決「這個世界不如己意」的煩惱。

但是仔細想想，即使發現流星，突然要重複三次願望也相當困難。附帶一提，根據我的調查，流星從發現到消失，短則一秒，最長也不過五秒左右。

這麼一來，流星可能會在急急忙忙許下一個不重要的願望，或是在重複三次之前就消失。既然如此，要是有個機器可以先把願望錄起來，並在按下按鈕後一秒內播放三次願望就會很方便。如果做成鑰匙圈的形狀，那就無論何時、何地遇到流星，都不用擔心了。

迅速說三次願望的鑰匙圈

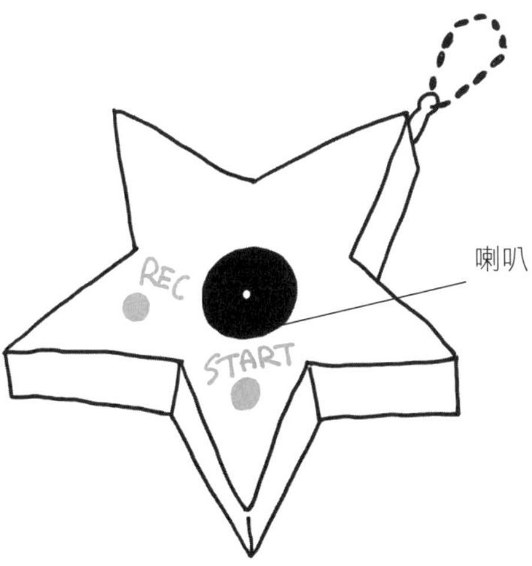

只要按個按鈕，
就能迅速播放事先錄好的願望。

21 強迫解決

前面也稍微提到，有種鬧鐘會發出震天的聲響，雖然我沒有用過，但用了之後就算不願意似乎也起得來。加大音量吵醒使用者，就是一種強迫解決的方法。

沒錯，幾乎所有的問題都能強迫解決。只要想法稍微暴力一點，就能找出解決問題的頭緒。

雖然滿討厭的，但如果從更暴力的視角思考喚醒的方法，也能想到在該起床的時間潑水，或是甩巴掌把人叫醒之類的點子。

除了對身體具有強制力的方法之外，對精神的強制力也是一種手段。

譬如要是不按掉鬧鐘，就自動發一篇「這個人就算設鬧鐘也叫不醒」的文章到推特上如何呢？似乎會讓人覺得非常難為情。

如果想要讓人更加走投無路，那麼「寄一封寫著『鬧鐘叫不醒我』的信，給全公司的同事」怎麼樣呢？這實在太丟臉了，應該不管再怎麼想睡都會起床吧？

想一想

請想一種如果不起床，就會帶來精神上或身體上的傷害，藉此強迫使用者醒來的鬧鐘。

寄信跟公司說「我起不來」的鬧鐘

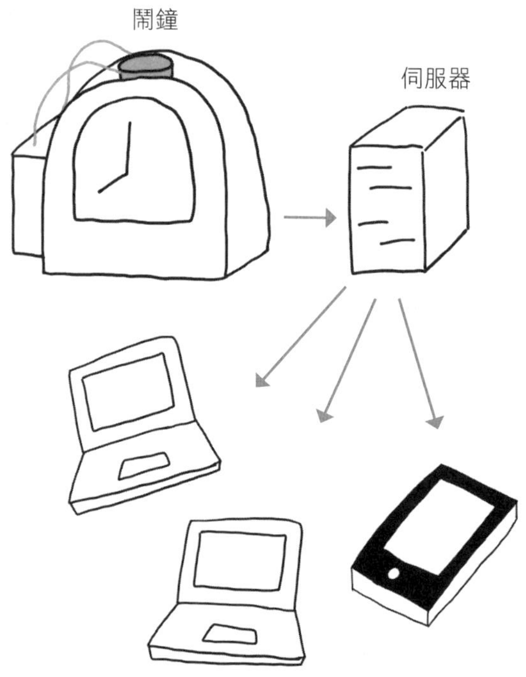

如果沒有在時間內按掉鬧鐘，
就寄信給公司的所有同事。

刺激「五感」

有些問題也可以透過刺激五感解決。

想要吸引別人注意時，可以使用聲音或光線，或是藉由觸碰身體讓他發現。

不好意思我又拿鬧鐘當例子，但鬧鐘就是利用刺激人類的五感來解決問題。

經典的鬧鐘藉由發出聲音、刺激「聽覺」將人喚醒，使用光線的鬧鐘則帶給「視覺」刺激。還有一種鬧鐘，到了設定的時間就會從手環釋放電流，利用電流刺激將人喚醒，這屬於刺激「觸覺」的產品。

如果從這個方向來思考，到了設定的時間就在嘴裡倒入苦澀液體以刺激「味覺」的鬧鐘，或是飄出嗆鼻煙味以刺激「嗅覺」的鬧鐘，似乎都是可行的創意。

以上的例子是稍微不愉快的刺激，但也可以想到帶來舒適刺激的方法。

經典的鬧鐘會發出「嗶嗶嗶嗶」的無機聲音，但如果改成菜刀剁砧板的「咚咚咚咚」聲如何呢？即使是寂寞的獨居者，或許也能在有人幫自己準備早餐的溫暖心情中醒來。

同樣地，用白飯的香味取代嗆鼻的煙味，也能讓人更神清氣爽。只不過，醒來之後回到現實的虛無感似乎也會更大。

人們在日常生活中會體驗各式各樣的五感刺激，這些刺激能夠喚醒各種情緒，譬如好聞的氣味、喜歡的觸感、懷念的滋味或是舒服的聲音等。

從自己想到的主題，能夠結合什麼樣的五感體驗切入，就能讓想法更加擴大。

請想想看刺激五感的鬧鐘。

詞語

半徑一公尺

轉個角度

大家都知道的事

自己的事

資訊

情緒

思考方式

獨居者用的鬧鐘

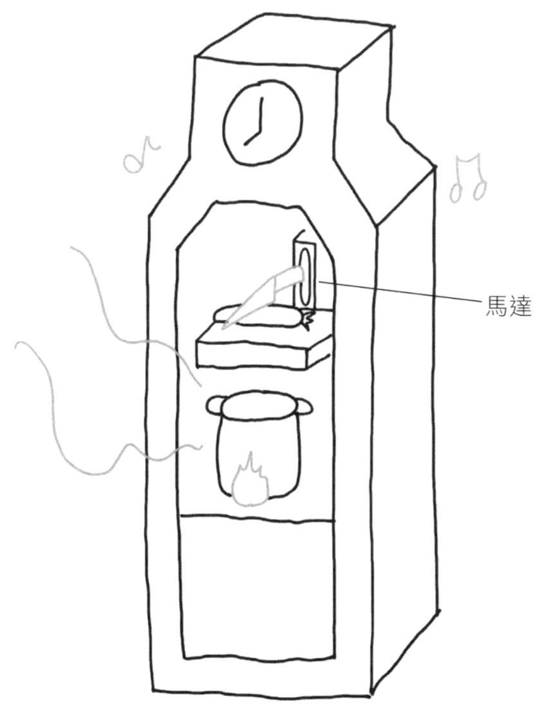

到了起床的時間，
就會發出切蔬菜的菜刀聲取代電子音，
並且飄出味噌湯的香味。

思考術

23

組合「類似的東西」

組合類似的東西，就能產生不同的價值。

譬如做成筆記型電腦外觀的小鏡子，因為「筆記型電腦」與「開闔式鏡子」的形狀類似，所以將兩者組合在一起看看。雖然只是把普通的鏡子做成筆電的樣子，卻變得更可愛又能產生幽默感。

不只外觀，我們也可以效仿這個創意，將性質、行動等類似的東西組合在一起。

・結合「類似的性質」看看

以「鬼屋」為主題，結合其他恐怖的東西能夠想到什麼呢？

我害怕「莫名其妙生氣的上司」。如果與鬼屋結合，打造出「莫名其妙生氣的上司糾纏不休的鬼屋」，就會非常恐怖。像這樣組合不同方向的「恐怖」，就能想到全新的創意。

如果以「鬧鐘」為主題，能夠想到什麼呢？

拆解鬧鐘的性質，包含了「早上叫人起床的工具」「發出聲音」「很吵」等。**挑出容易套用到其他事物上的性質，更容易思考組合。**以這些性質來看，最容易思考的應該就是「很吵」吧！

那麼，鬧鐘可以和其他哪些「很吵」的東西組合在一起呢？我想到了「發出快速列車通過的聲音的鬧鐘」。因為實在太吵了，應該馬上就能醒來。

・結合「類似的行動」看看

結合「類似的行動」也是一個切入點。

舉例來說，結合「討厭的行動」，以及與之類似的「愉快的行動」，應該也能想到什麼好點子。找出「雖然類似，但情緒完全相反的動作」，就能順利解決問題。

鬧鐘必須按下按鈕關掉聲音，但對於早上爬不起來的人來說，在睡眼惺忪時做這件事情是個壓力。如果這個壓力大過於覺得鬧鐘「很吵」的情緒，就會爬不起來，一直睡到鬧鐘自己安靜下來為止。

有沒有其他「按下按鈕」的行動，會讓人覺得很開心呢？結合這個行動與鬧鐘，會是個什麼樣的創意呢？

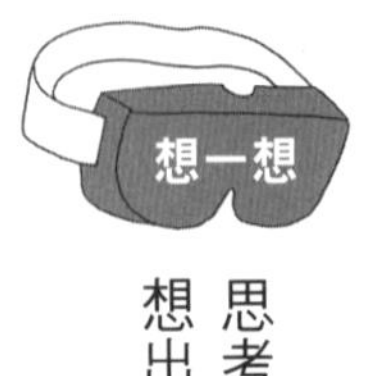

思考能夠與鬧鐘「按下按鈕」的行動，或是「很吵」的性質結合的物品，想出新型態的鬧鐘。

我從「按下按鈕」聯想到按鈴搶答，由此想到了「前奏猜歌鬧鐘」。這個鬧鐘每天會隨機播放音樂，能夠按下按鈕玩猜曲名的遊戲。

在搶答遊戲中按鈕回答似乎是件爽快的事情。這麼一來，每天早上都能在體驗著猜謎節目來賓的心情中醒來。

前奏猜歌鬧鐘

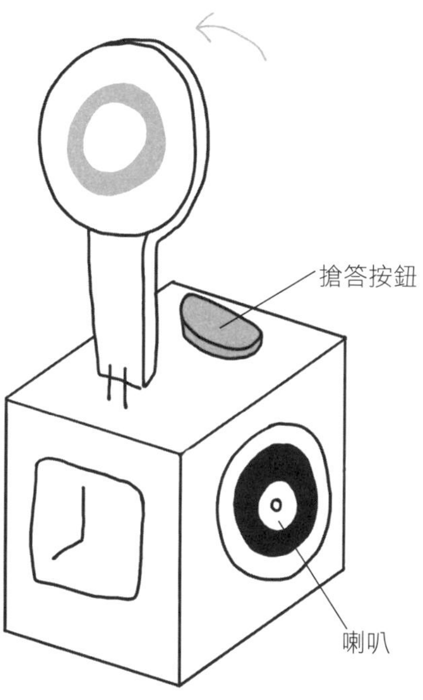

到了該起床的時間，就會以震天的音量播放歌曲，
按下搶答按鈕就能停止音樂。
從起床的那一刻就能玩前奏猜謎遊戲。

乾脆看開

「故意不解決」問題也是一個切入點。

雖然使用鬧鐘在特定時間起床理所當然，但我希望大家暫時停下來思考。為什麼非得為了在特定的時間醒來做到這個地步呢？

這是為了避免在上班或赴約時遲到、為了過規律的生活以保持健康，理由要多少有多少。雖然有理由，但我還是想再多睡一點。

為什麼必須為了看似自己不出席也無所謂的會議而早起呢？明明是為了健康，為什麼就非得放棄睡眠不可呢？

思考創意的時候，「懷疑正在思考的問題」也有機會帶來突破，這也正是碰壁時的有效方法。

這個「乾脆看開」的思考術，是思考創意時的重要選項，希望大家隨時記在腦中。無論思考什麼事情，當思緒卡住的時候，推翻前提都會變得比較輕鬆。

假設公司指派你負責商品宣傳，如果商品本身太過缺乏魅力，你也會很傷腦筋吧？即使勉為其難地列出為數不多的魅力，也都沒什麼吸引力。

這時候與其勉為其難展現魅力，不如採取直接坦承沒有魅力的宣傳方法。

各位或許從地方政府的宣傳中看過這種做法。他們在宣傳海報或影片中刻意自嘲般地強調「印象薄弱」「人煙稀少」，藉此吸引目光。

生活中的問題，也能利用這個「乾脆看開」的思考術，看見新的解決途徑。

舉例來說，假設有個問題是隔壁鄰居洗澡的時候唱歌很吵，最坦率的解決方法就是「去提醒他」，或是「跟管委會投訴」。

乾脆看開如何呢？換個角度想「洗澡時高聲唱歌也是沒辦法的事情」。

這麼一來，就能冒出把問題變成樂趣的創意，譬如「用卡拉OK APP幫歌聲打分數」「用Spotify把唱過的歌曲製成播放清單」等。

從前提開始懷疑，思考「這真的是該解決的問題嗎？」「看開之後可以怎麼想呢？」「把問題往好處想怎麼樣呢？」就能拓展發想，誕生前所未有的點子。

如果放棄起床，能夠想出附設什麼樣的功能的創意鬧鐘呢？

我試著從「放棄起床」的視角思考鬧鐘的點子，結果想到了「幫自己按掉鈴聲的鬧鐘」。

感應器在鈴聲響起時產生反應，按下鬧鐘的按鈕，如果鬧鐘有這樣的功能，似乎就能睡得很舒服。

按掉鬧鐘機

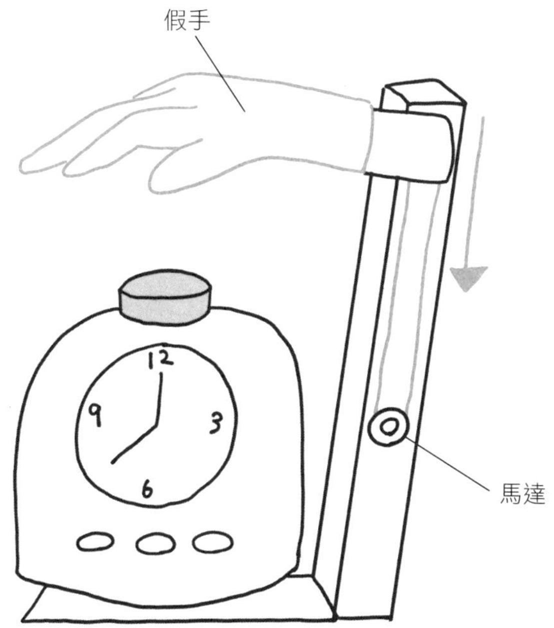

鬧鐘的鈴聲響起時，馬達就會運作，
自動按下停止鈴聲的按鈕。

25 反過來增加「壓力」

從生活中的壓力思考創意時，如果從「反過來增加壓力」的角度思考，會想出什麼樣的點子呢？

舉例來說，把塞在口袋裡的耳機拿出來時，偶爾會因為耳機線纏繞在一起而覺得有壓力。解決這個壓力的產品，就是將線整齊地捲在一起的小配件。至於藍芽耳機，連線都消失了，問題也完美解決。

那麼，**如果反過來試圖將壓力極大化，會想到什麼呢？**

答案是「讓耳機線纏得更亂」。於是我製作了「耳機線纏繞機」，只要將耳機放進機器裡按下按鈕，機器會運作幾秒鐘，等機器停下來之後，裡面的耳機線就會纏繞得亂七八糟。

我不去解決日常生活中感受到的壓力，反而站在增加壓力的視角思考，創造出新的發明。不，即使創造新發明也沒有任何用處。

然而，這個「增加壓力」的方法，有時也能直接解決問題。本章開頭提到的「震天音量的鬧鐘」，就是利用施加壓力來叫人起床。此外，「增加壓力的創意」，對於想在遊戲或娛樂中進行「懲罰遊戲」的人也能發揮作用。

朝著與解決問題完全相反的方向去思考，就能讓創意產生其他的意義與價值，或許會出現完全不同的脈絡，誕生獨特的事物，即使無法解決眼前的問題，也有機會創造解決其他問題的契機。

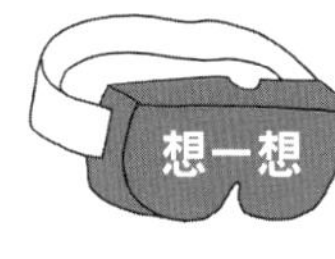

請思考能讓生活中想到的壓力極大化的創意。

耳機線纏繞機

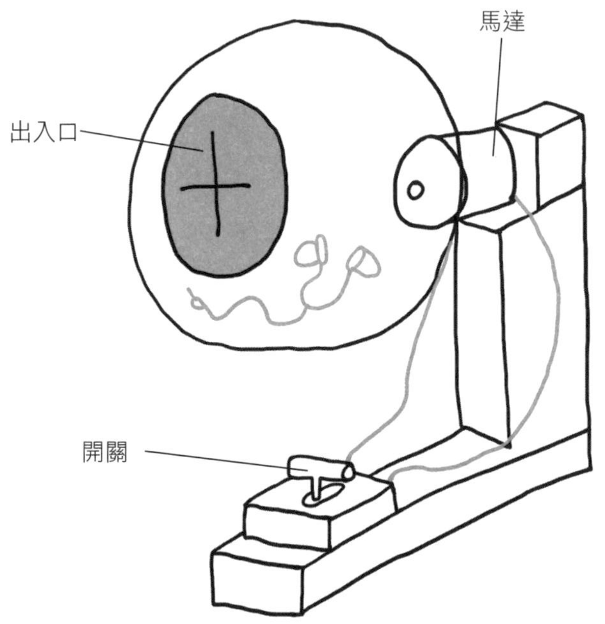

將耳機放進機器裡按下按鈕，
機器就會旋轉，使耳機線纏繞在一起。

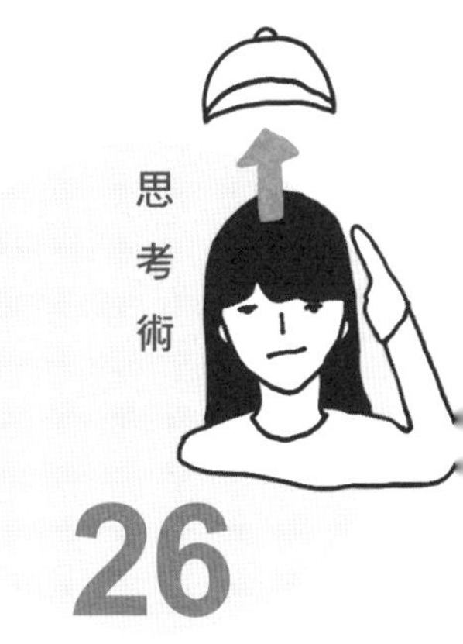

26

小題「大」作

把小小的問題想成非常嚴重的事情，也能從新的視角思考創意。

你的小趾是否撞過衣櫃的邊角呢？我經常撞到。雖然這只是過了一晚就會被拋到腦後的小事，但如果把這些「微小的痛苦」放大到世界末日的程度，會怎麼樣呢？

這種時候，只要從「能不能換個更嚴重的說法」開始思考就會很簡單。如果想把「撞到」表現得更嚴重，會怎麼說呢？我想到了「撞擊」這個詞。如果再進一步說成「撞擊事件」，就會覺得更加嚴重了。

那麼，有沒有什麼工具可以防止「撞擊事件」的問題發生呢？如果是汽車就會裝上安全氣囊，那如果換成「小趾的撞擊事件」的話，只要裝上小趾用的安全氣囊，問題不就解決了嗎？

日常生活中發生的小小憤怒，也能帶來小題大作的創意。譬如冰箱裡的布丁被家裡的某個人吃掉。如果將這樣憤怒小題大作，會怎麼樣呢？

請想想看如果氣到鑽牛角尖，會採取什麼樣的行動？暴力、詛咒、復仇、委託殺手……許多可怕的想法冒出來。

由於是把「布丁被吃掉」這樣相當微不足道的小事視為問題，因此愈是小題大作，誇張的對比就會愈有趣。

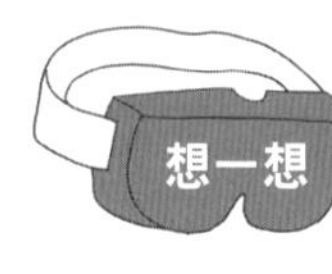

將「冰箱裡的布丁被吃掉」的憤怒極大化，思考解決的點子。

我把「殺手」當成思考創意的關鍵字。譬如只要一有人打開冰箱，雷射筆就會對準他的眉心的機器如何呢？對方感受到「如果拿了布丁就會被暗殺……」的危機，一定就會防範未然。

感應器偵測到有人打開冰箱，
雷射筆就會動作，
讓對方覺得被暗殺者盯上。

利用「身邊的事物」思考

在腦中思考，有時候想法會變得愈來愈壯大。

雖然我覺得懷抱著愈多不切實際的龐大欲望愈好，但龐大的欲望很難就此實現。

我經常會有「好想在好萊塢出道」的想法，但幾乎是異想天開，畢竟我不是演員，也不是導演。然而說不定會有奇蹟發生，讓我真的能夠出道，所以我才用「幾乎是異想天開」這個依然保有些微可能性的說法。

話雖如此，依然不可能，要解決這個欲望相當困難。但就像我在本章所寫的，如果因為「不可能」就停止思考，那就太可惜了。這種時候，請抱持著「使用身邊的事物，想辦法實現願望」的心態。

只要接受無止盡的妥協，任何龐大的欲望都能利用身邊的事物實現。花點巧思使用手邊就有的東西，譬如手機或電腦的功能、百元商店或超市販賣的物品、家裡現有的物品等，或是找家人、朋友幫忙。

超級模特兒在拍照時，會吹著來自前方的人造風，讓頭髮看起來隨風飄揚，但如果在家裡自拍，可以用吹風機代替。

如果想和崇拜的人一起拍照，可以將對方的照片剪下來，放在手機或攝影機前面，就能利用透視法拍出彷彿合照的照片。

利用無聊的小題大作來思考，就能不斷地想出點子。

請想想看該怎麼使用身邊的物品，體驗成為名人的氛圍。

我的好萊塢夢該怎麼實現呢？我想到把ＬＩＮＥ的好友名稱全部改成好萊塢影星的名字。這麼一來，每當朋友傳ＬＩＮＥ給我時，就能讓我覺得自己彷彿也是名人。

○　○　○

只要知道幾個思考時使用的方法，就能對一個問題切換各種視角思考。視角愈多，發想愈自由，就愈能成為幫助自己抓住前所未有的新點子的助力。

本章介紹的視角當中，或許有些切入點乍看之下無法發揮任何作用。但只要先把這些思考方式記在腦中，當思考停滯時，就能開啟另一扇窗。

從「大家都知道的事」開始思考

與眾不同的技巧

28

從「大家都知道的事」開始思考

我們到此為止都從周遭發生的事物，譬如「半徑一公尺」內覺得不對勁的地方開始思考創意。本章將稍微把範圍擴大，以流行、節慶活動、傳統等「大家都知道的事情」為主題，進行思考創意的練習。

譬如大家都關注的事情、每年固定舉辦的活動等，把對這些事物的違和感用詞語表達，換個視角去看，抓住創意的線索。

至於思考創意的方法，就像我們前面做過的一樣，將不對勁之處與壓力寫成詞語，再加上「輸出媒介的詞語」（參考思考術 8），思考起來就更容易。

從大家都知道的事物開始思考創意時，請留意以下三種觀點：

1：解決問題

這是最佳的切入點。方法和第2章一樣，再一次仔細觀察過去無意識接受的事物，注意任何一丁點不合理的地方，就幾乎可說是必定會發現問題或課題。聚焦在這些部分，探索解決的方法。

2：朝著不同的方向

流行或節慶活動等，是整個社會面對著同一個方向的時候，如果在這時故意朝著不同的方向思考，就容易想出新的創意。

3：背叛

多數人對某些事物擁有共同的印象，利用或背叛這個印象，就能想出震撼許多人的創意。

本章在思考創意時會留意這三個觀點。

從「對流行的感受」開始思考

那麼，就以流行為主題思考創意吧！

話雖這麼說，敏銳地感知流行動向非常困難。我跟流行不熟，經常是在流行過了之後才發現。

這麼一來，即使從客觀的角度發現課題或問題，想出解決的創意，別人也早就已經想到了，而且還做成了商品與服務。

舉例來說，珍珠奶茶流行的時候，立刻推出了方便攜帶珍珠奶茶的杯套；寶可夢流行的時候也是，方便遊戲操作的配件也很快就出現。

流行的東西大家都會注意到，所以順著一般的邏輯思考，就會被別人搶先一步。

因此從流行開始想點子時，我建議從「個人的感受」出發思考問題。將自己的感受當成出發點，不僅較容易思考，即使想像別人對流行所抱持的情緒，也能得到獨特的觀點。

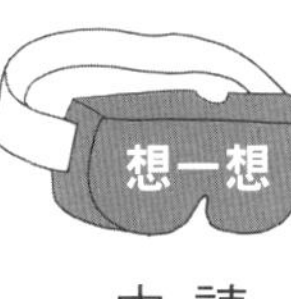

請試著用詞語表達對珍珠奶茶的感受，由此思考「自己希望推出的商品」。

我雖然喜歡珍珠奶茶，卻討厭在ＩＧ上看到珍珠奶茶的照片。該怎麼說呢，我喜歡珍珠奶茶的方向與別人有點不同，我的想法就和頑固的拉麵店老闆一樣，會覺得「可以不要為了拍網美照而買珍珠奶茶嗎？」並且希望大家「不要只顧著拍照，給我閉起眼睛品嘗珍珠奶茶的美味」。

大。

而且我單純只是想喝珍珠奶茶，為了拍網美照的人卻大排長龍，看了有點火大。

大家或許會覺得這麼想很自我中心，但這也無所謂。自我中心的思考，反而更容易發現過去誰也沒有提出來的問題。

那麼，什麼樣的東西才能解決存在的問題呢？

改變珍珠奶茶本身很困難，所以我想把思考的重點擺在「網美照」。

舉例來說，如果有人試圖拍網美照就去妨礙的裝置怎麼樣呢？要是再怎麼努力都拍不出網美照，為了拍照而去買珍珠奶茶的人就會大幅減少了。雖然完全沒有實用性，但這個點子能夠與同樣覺得煩躁的人分享心情。

網美照破壞機

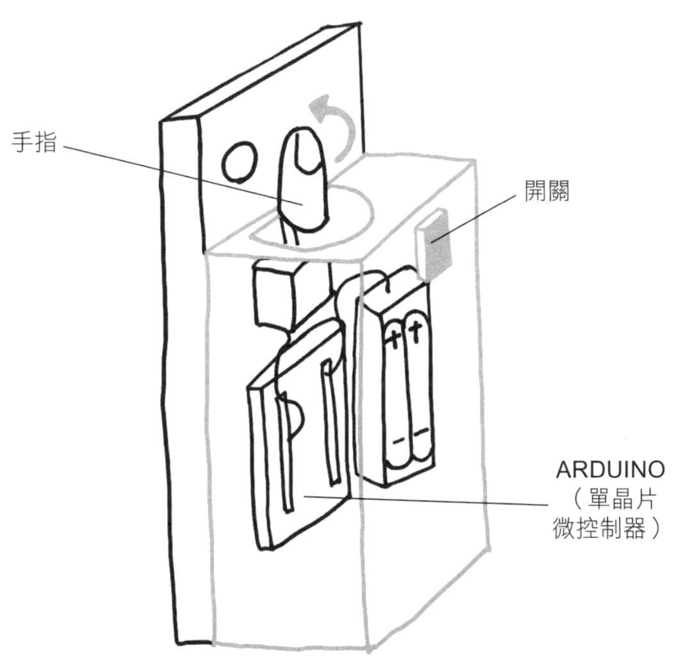

按下按鈕就會出現矽膠手指，
不管怎麼拍都會看見手指。

搭上「節慶活動」的順風車

這個世界上有許多節慶活動，像是聖誕節、情人節、萬聖節、愚人節等。即使只看日本的傳統節慶活動，也有七夕、春節、盂蘭盆節與端午節等。

多數人都很熟悉這些重大節慶活動，思考創意時搭上這些活動的順風車，就能抓住許多人的心。

譬如同一款點心隨著季節更換包裝，或者透過電視節目等媒體內容，也經常能看到搭上節慶活動順風車的企畫。以節慶活動為主題思考的發想，就能應用在各式各樣的創意上。

這就和從流行開始思考時一樣，從個人的層級出發，就能掌握創意的靈感。

首先就從個人對節慶活動的感受出發，思考必須解決的問題。

譬如在情人節的時候，人會有什麼樣的情緒呢？有些人因為沒有收到巧克力而覺得落寞，但說不定也有人反而因為收到太多巧克力而覺得麻煩。

「沒有收到巧克力的落寞」與「收太多巧克力的麻煩」，該怎麼解決這些煩惱呢？我們就從這樣的角度開始思考創意。

我想大家這些年來應該不只有過愉快的情人節，也有過傷心的情人節。如果像這樣經歷了各種不同的感受，想必也能浮現許多不同的點子。

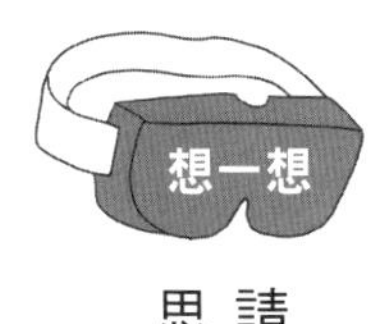

請找出關於情人節的「個人層面的問題」，思考解決的創意。

就我個人的經驗來說，我在國中的時候，曾流行同性之間互相交換的友情巧克力，但當時有某種類似「手工巧克力至上」的風潮，如果送市售巧克力，友誼就會出現裂痕。

因此每到情人節，就必須根據朋友人數製作手工巧克力，讓我覺得非常麻煩。如果就這個問題思考，舉例來說，想辦法將超市販賣的巧克力偽裝成手工巧克力似乎就能解決，於是我想到了「市售巧克力手工化機」。

但話說回來，一開始就販賣看起來像手工製作的巧克力不就好了嗎？

市售巧克力手工化機

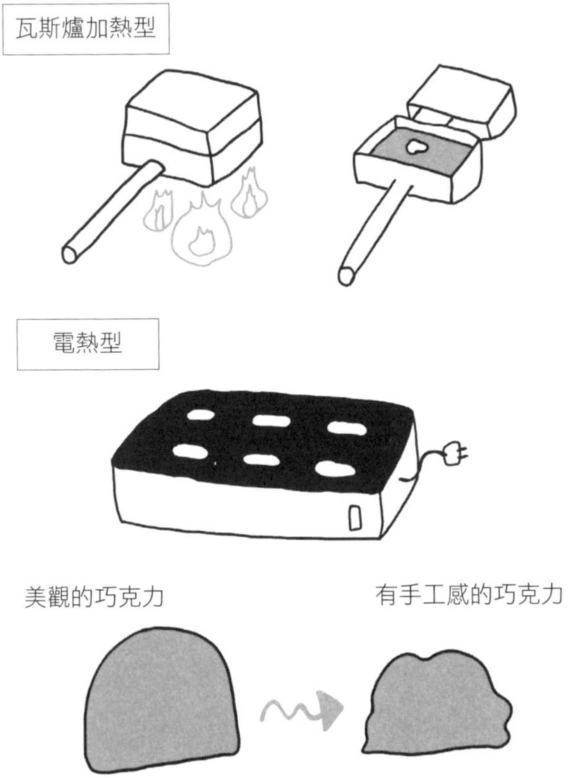

瓦斯爐加熱型

電熱型

美觀的巧克力

有手工感的巧克力

利用適度的加熱融化市售巧克力，
使其呈現手工的感覺。

思考術

31

從「節慶活動」反方向思考

節慶活動就是多數人在每年差不多的時間，沒有任何疑問地做差不多的事情。到了萬聖節就「變裝」，到了情人節就「送喜歡的人巧克力」，到了春分就「撒豆子」等，任何人都接受這些活動，不覺得有什麼不對勁。

於是接近情人節的時候，整座城市清一色都是情人節的裝飾；大型節慶活動的時候，整個社會就像這樣依循著相同的方向。

當這些以類似的觀點看待事物的人成為主流時，只有自己稍微改變視角，就

能誕生新鮮的創意。舉例來說，單純抱持著「與眾人相反」的想法如何呢？

以萬聖節為例，網路媒體 Daily Portal Z 舉辦了「樸素萬聖節」的活動。這個活動是在許多人都裝扮華麗的街上，打扮成乍看之下看不出有變裝的樸素模樣。

譬如「東急手創館的店員」「在彌生軒去盛飯的人」等，推翻「變裝必須華麗」的常識，就能誕生有趣的活動。

把注意力轉移到活動中心人物以外的事物，也能改變視角。

情人節是以「贈送／收下巧克力」的行動為主的活動，但這個活動的背後，也有收不到巧克力的人。把焦點轉移到這些人身上，從他們的視角來看情人節，會是什麼樣子呢？

至於春分則是朝鬼撒豆子的活動，但鬼被撒豆子的心情卻遭到忽視。從鬼的視角來看，就會浮現「被豆子砸到很痛」的問題。

像這種偏離中心人物的思考，就能以獨特的觀點掌握熟悉的活動，由此誕生新的創意。

請站在無法享受聖誕節的人的角度策畫活動。

我本來就是個無法享受聖誕節的人，讓我覺得最開心的聖誕節活動是「交換禮物」。我想起了小時候的交換禮物遊戲，大家配合歌曲傳禮物，在歌曲停下來的時候把拿在手上的禮物收下。

我個人很不喜歡社交場合，所以不太想參加聖誕派對，但只有那個交換禮物的遊戲，不管玩幾次都可以。

所以我想到了「禁欲交換禮物派對」。這是個事先準備好許多禮物，也沒打算跟參加者混熟，單純只是不斷地玩著交換禮物遊戲的活動。

32 更新「傳統文化」

女兒節人偶、茶道、歌舞伎等傳統文化也和節慶活動一樣，很多人沒有思考太多，就照單全收地接受了這樣的現狀。

但如果稍微停下來思考，就會發現以目前的感覺來看，也有很多麻煩與不方便的部分，而傳統文化的高門檻也與這些部分有關。察覺這些問題，就能由此思考創意。

我在國中的時候曾學過茶道，但記住這些步驟相當困難，我還想過，用電熱水瓶「涮」地在馬克杯裡注入熱水後端出去，大家一起熱熱鬧鬧地聊天不是很好嗎？

雖然步驟繁多也是茶道的本質，但就現代的觀點來看，還是覺得既麻煩又門檻高。

傳統文化帶來的這類問題，與現代的事物結合就能解決。

「哥德羅莉塔風的女兒節人偶」「使用最新技術的歌舞伎」相當有名，聽說老牌演員藤岡弘也會用茶刷點咖啡。

結合現代與傳統就會誕生新的事物，讓我們試著由此思考創意。

試著結合茶道與現代科技（或是以前沒有的東西），思考全新的創意。

我從這裡想到了「現代茶會」的點子。因為說到現代的象徵，就是網路了。就像線上聚餐的流行，線上茶會似乎也花點工夫就能成立。如果能夠透過視訊在各自喜歡的地方喝茶，就能輕鬆降低門檻，也具有便利性。

徹底顛覆「傳統文化」

那麼，如果為了追求便利性，就連侘寂也覺得可以拋開，會怎麼樣呢？點茶有禮法，需要相當長的時間才能學會，如果有自動幫忙點茶的機器人，就會方便許多。由點茶機器人主持的茶會應該很有趣。真想看看大家正襟危坐品嘗機器人草率點出的茶湯會是怎樣一幅光景。

透過結合傳統文化與科技，使傳統文化堪稱本質的部分化為烏有，產生獨特的幽默感。

有一個使用科技上演搞笑短劇的團體「科技喜劇」，我也是其中的一員，其中一項名為「科技落語」的劇目正是這個概念的體現，因此想要介紹給大家。

落語常有吸麵的場景，落語家以扇為筷，演出吃麵的默劇。這是非常逼真的默劇，眼前彷彿有一碗美味的麵條，似乎可以聞到湯頭的香味。我想必須累積好幾年，甚至好幾十年的功力，才能習得這樣的演技。

但是，**科技落語卻在吃麵的場景使用了AR技術**。表演到吸麵的場景時，用手機內藏的攝影機拍下自己的臉，於是後方的螢幕上，就會出現麵條被自己吸入口中的影像。

手機的攝影特效APP可以做出從嘴巴噴出彩虹的效果，而麵條被簌簌地吸入口中就像那種感覺。

我看了之後發現，雖然傳統藝術的優點完全消失，卻能夠產生這麼大的衝擊，對此相當感動。

當然，傳統文化是必須尊重的重要事物，但故意停下來採取顛覆本質的思考方式，更容易誕生奇特的創意。

不只傳統文化。**暫時停下來，徹底顛覆平常已經習慣，毫不懷疑地接受的事**

物，就能抓住創意的線索。

以「近未來的落語」為主題，思考全新的落語形式。

我想到了「罐頭音效落語」，像吸麵的聲音等，平常用嘴巴做出的音效，全部都用罐頭音效代替。

這麼一來就能將ＤＪ平常炒熱氣氛時經常使用的刷盤音效編進去，讓活動不只在演藝廳舉辦，還能擴大到夜店。

從「固定套路」開始思考

邊說著「要遲到了！要遲到了！」邊咬著麵包奔跑的高中女生，在轉角撞到轉學過來的男生……這是似曾相識的固定套路。

固定套路還有「談了一場轟轟烈烈的戀愛，結果發現彼此其實是兄妹」「看見敵人面具之下的臉孔，發現其實是父親」「男女因為相撞而交換身體」等。

虛構故事的這些「固定套路」，也是許多人的共同認知。

即使不侷限在「固定套路」，民間故事、童話故事、知名電影等，都有家喻戶曉的內容，多多少少能猜出發展的故事。透過這些共通認知也能思考創意。

喜歡看電視或喜劇的人，是否經常在漫才或短劇中，看到這些以虛構內容為基礎的故事呢？以多數人都知道的故事為主題，背離、錯開其發展或設定，就能呈現顯而易見的意外性，容易做出有趣的笑料。

若以故事為基礎思考，使用第1章練習過的，想出各式各樣的「形容詞」來替換性質的方法，就會更容易（參考思考術4）。譬如「現代桃太郎」或是「職場版的猴子與螃蟹」等，為標題加上形容詞，再想像其內容。

「現代的桃太郎是什麼樣的故事呢？」「將猴子與螃蟹比喻為職場，會是什麼樣子呢？」想像力就會不斷地擴大。

請試著從民間故事開始思考創意。

加上「輸出媒介的詞語」或形容詞會更容易思考。

我試著從「白鶴報恩」思考點子。

「白鶴報恩」是得到幫助的白鶴幻化為人類，到恩人家裡織布的故事，但最後卻因為恩人打開了白鶴說「絕對不能開」的門，導致故事有了令人悲傷的發展。

如果幫白鶴做一台「門絕對打不開機」，故事是否就能有快樂的結局呢？

門絕對打不開機

一碰到門，觸控感應器就會反應，
釋放出電流。

35 實際思考「細節」

實際思考虛構故事的細節也能帶來創意。

我以前實際嘗試過咬著吐司奔跑，因為我很閒。結果吐司因為沾到口水而變得軟爛，跑個幾公尺就斷掉了。此外我也發現，必須要有強韌的下顎肌肉才能持續咬著。

由此可知，少女漫畫的主角下顎強韌，不會流口水。

不一定需要真的去嘗試，但實際思考平常不會深思，沒有想太多就接受的狀況，就能得到新的視角。

如果更實際去思考「咬著吐司奔跑」的問題，就會看見許多必須考量的要素，譬如「如果在轉角撞到別人，導致對方受傷，自己會不會被定罪？」「為了不讓對方受傷，自己該以什麼樣的姿勢、什麼樣的速度奔跑才對呢？」單純只是為了打發時間的思考，有時也會成為創意的靈感。

再說，即使咬著吐司跑過轉角，撞到人的可能性也很低。這麼一想，如果有種吐司能夠透過感應器，偵測到有人靠近轉角並發出通知，似乎就會很方便。以吐司的通知為訊號衝刺，就能提高撞到人的機率，因此比起隨便參加聯誼，咬著這款吐司等待或許更有機會邂逅真命天子……我基於這樣的想法，製作了「提高相撞機率的吐司」。

像這樣近乎挑剔地去質疑多數人莫名擁有的共同印象的細節，就能發揮想像力，掌握創意的線索。

此外，還有一種常見套路是「與幫自己撿起手帕的人墜入愛河」。

但即使手帕掉落，幫自己撿起來的人剛好是自己喜歡的類型的可能性也非常低。這個問題該如何解決呢？

讓自己能夠監視走在後面的人、讓裝置以機器學習的方式學習自己喜歡的男性類型，並且自動落下手帕……似乎可以想到各式各樣的方法。

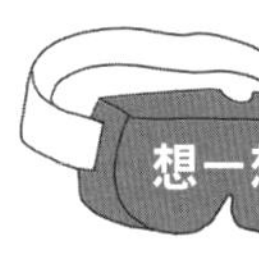

狗血的愛情劇在現實中發展會遇到什麼樣的障礙呢？又可以用什麼樣的創意解決呢？

提高撞到帥哥的機率的吐司

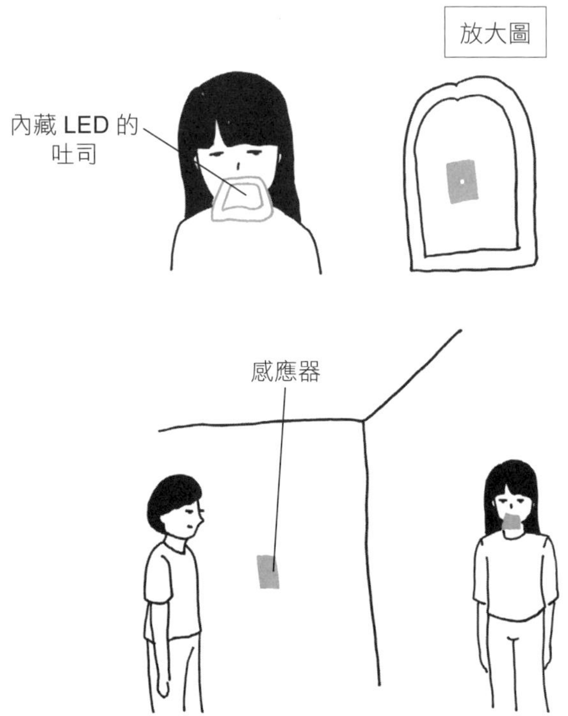

如果有人從感應器前面通過，
吐司的 LED 就會發光通知自己。

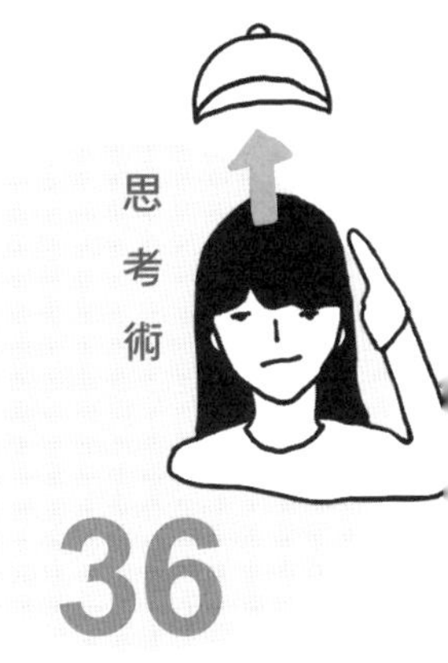

36 利用「刻板印象」

流行、節慶活動、傳統、虛構故事……前面介紹了在社會上廣泛擁有共通認知的事物，最後想要先帶大家思考「刻板印象」。

如果沒有意識到刻板印象就繼續思考，有時候會導致創意當中含有歧視與偏見。舉例來說，如果在決定人物的個性與角色時，沒有意識到對於人種與性別的刻板印象，這樣的表現就會傷害許多人。

「A型的人一絲不苟」「B型的人任性妄為」這種血型的刻板印象也是廣泛的認知。雖然完全沒有任何科學根據，大家卻不知為何都深信不疑。

此外也有對於地方的刻板印象，譬如「關西人很有趣」「九州人很會喝酒」「沖繩人很溫和」等。當然有人符合，也有人不符合，如果過度相信，也會有人覺得不舒服。

每個人多多少少都在無意識中抱持著這些偏見或成見，思考創意的時候，必須重新意識到自己是否對於人種、性別、血型或是地方等懷有偏見或歧視，才能知道自己的創意中潛在的風險。

另一方面，也有能讓創意昇華的刻板印象。這裡的「刻板印象」說得更精確一點，應該是無傷大雅的偏見，譬如「戴眼鏡的人好像很聰明」，如果再舉個更詳細的例子，有點像是「在電車裡一臉嚴肅地讀著書的人好像很聰明」這種可說是小小「憧憬」般的印象。

從這些刻板印象出發，就能以「自己該怎麼做才能被同樣看待」的視角思考創意。

如果想得單純一點，只要自己也在電車裡讀些看起來好像很難的書不就可以了嗎？但在此希望大家意識到「欲望的矛盾」。

我是那種想在電車裡用手機漫無目的地滑著影劇新聞，或是在ＩＧ上看可愛動物的人。但是，我也想要讀書，讓周圍的人覺得我好像很聰明。思考如何解決這種欲望的矛盾，就能誕生創意。

想想看該怎麼做才能讓自己看起來好像很聰明。此外，如果有「欲望的矛盾」，也想想看該如何解決。

我從「在電車上一臉嚴肅地讀書看起來好像很聰明」的刻板印象開始思考創意。我想在電車上看起來很聰明，也想要放空滑手機。於是我就想到，將手機殼做成書本形狀怎麼樣呢？這樣似乎就能解決欲望的矛盾。

書本形狀的手機殼

能夠在滑手機時，
看起來好像在讀書。

思考術 37

顛覆「刻板印象」

刻板印象是否曾帶給你不愉快的經驗，或是讓你覺得有哪裡不對勁呢？我在前一項也提過，有一種成見是「A型的人一絲不苟」。

我雖然是A型，卻與一絲不苟沾不上邊。我可以毫不在乎地穿上沾了污漬的衣服，包包裡面也亂七八糟。很多朋友得知我的血型之後，都說「我還以為你是B型」，我總是覺得，這對B型的人不是也很失禮嗎？

對這些刻板印象感到懷疑或反彈時，就是擴大思考的機會。

舉例來說，女子偶像在過去的刻板印象是「清純」，因此當反過來以「帥氣」或「強大」為概念的全新偶像團體誕生時就會很新鮮。站在顛覆刻板印象的角度思考，就能創造出新的概念。

刻板印象或成見隱藏在各個地方，不只血型或容貌。自己的興趣又如何呢？社會上的成見，與從事這種興趣的人給人的感覺經常會有落差。

舉例來說，電子作業是我的工作也是我的興趣，但常有人跟我說「聽起來好難」。但是我這個程度的電子作業沒有那麼難，即使不專門去學，也能一時興起就做出來。

於是我舉辦可以在製作無用之物的過程中學習電子作業的工作坊、製作教材，思考弭平落差的創意，並且付諸實行。

像這樣從弭平世人的印象與自己所知的真實狀況間的落差切入，也能思考創意。

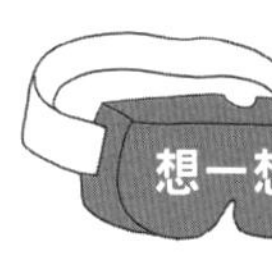

請思考身邊的人對於自己的興趣會怎麼想，
又能採取哪些方法解決別人的印象與真實狀況之間的落差。

○○○

察覺整著社會都朝方向一致的部分，就能開拓全新觀點。由此開始思考創意，更容易誕生創新又具有幽默感的點子。請意識到自己對於流行與節慶活動的感受，試著養成站在對立面思考的習慣。思考想必就能逐漸變得開闊。

5

Chapter

從「自己的事」開始思考

如何讓內心的吶喊具現化

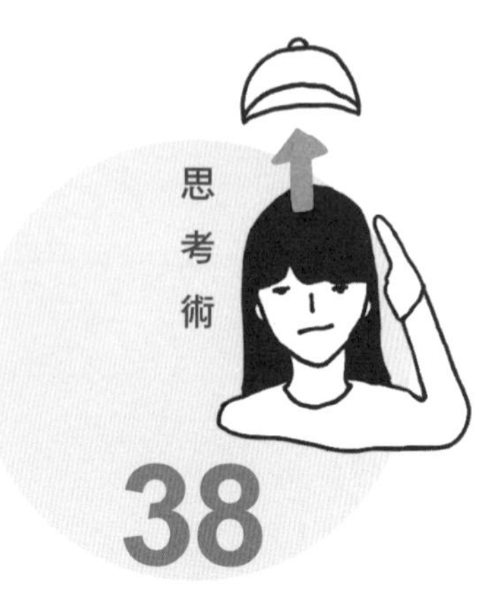

從「自己的事」開始思考

為了擁有獨特的視角，必須深入了解自己。平常就留意自己內心深處的欲望、想法、心情波動，就能逐漸了解自己，看見自己獨特的個性與方向性。

我非常悲觀，總是擔心多餘的事情，即使與朋友在一起，也經常感覺到疏離。而且我的心態還很扭曲，看見幸福的人只會覺得嫉妒。

雖然我是個如此討厭的人，但也有討厭的人才想得出來的創意。面對自己的缺點與討人厭之處，就是取得獨特視角的第一步。

此外，很多人在思考創意時，會擅自揣測別人的問題。

但舉例來說，當我們思考協助年長者的創意時，如果只根據自己心目中「年長者的困擾」去想像，那就有點危險。

我在「利用『刻板印象』」（參考第36篇）也提過，我們對於陌生人的印象，經常含有下意識的偏見與武斷，因此想出來的點子或許會完全偏離重點，或是極為平凡無奇。

如果要我們思考「年長者的困擾」，腦中可能會立刻冒出「不方便去超市買東西」「耳朵聽不清楚」等。這些都是極為平凡的想法，實際上已經誕生了許多解決這些問題的點子，譬如「超市的外送服務」與「助聽器」等。

這麼一來，自己還特地去思考創意就沒有意義。為了想出獨特的點子，必須讓問題貼近自己。

從「喜歡的事」開始思考

即使是陌生人的問題，只要當成「自己的事」來思考，也能誕生獨特的創意。

思考年長者的需求也一樣，首先就從認真去想像「自己上了年紀之後，會有什麼困擾」開始，這麼一來，想出的困擾就會與從「對年長者的一般印象」切入時截然不同。

把別人的問題拉近到變成「自己的問題」時，從「自己的喜好」開始思考是捷徑。

我們對於喜歡的事物，理應擁有比別人更多的知識與熱情，也能觸發情感與欲望，更容易看出各種問題。舉例來說，如果聊到喜歡的偶像，我就能連珠炮似地說得口沫橫飛。

不只在思考他人的問題時，任何時候都一樣，只要從喜好開始思考，想法就能接二連三冒出來。因此我建議在思考創意時，可以暫時將主題換成「喜歡的事物」，或是與喜好扯上關係。

提出充滿自己品味的創意，在某些情況下或許會讓人有點猶豫。譬如當編輯在提出版企畫案的時候，如果提的企畫全部都與自己喜歡的動畫或偶像有關，說不定會被批評公私不分。但是請暫時拋開這種社會常識吧！

就是因為喜歡，才能想到許多創意；正因為有愛，才會深入追究創意的細節。

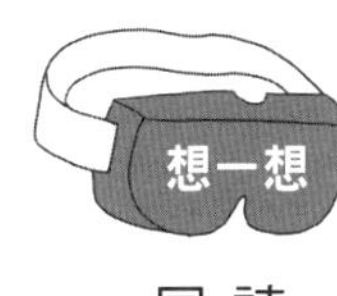

請想像一下，當自己年齡漸長的時候，會有什麼樣的困擾呢？
同時也一併思考解決方法。

我很迷偶像，但是當腳力變差，外出變得困難時，去不了演唱會不就變得很痛苦嗎？什麼樣的創意能夠解決這個問題呢？

我想到VR演唱會。如果能以360度的影像觀賞演唱會，就算去不了會場也應該會很開心。同時我希望操作方式盡可能簡單，即使不會使用最新機器也沒問題。

此外，演唱會結束後，與其他狂熱粉絲一起在餐廳聊天也是樂趣之一，如果有裝置讓我在家裡也能做到這件事，那就是最美好的未來了。

高齡者用 360 度 VR 演唱會

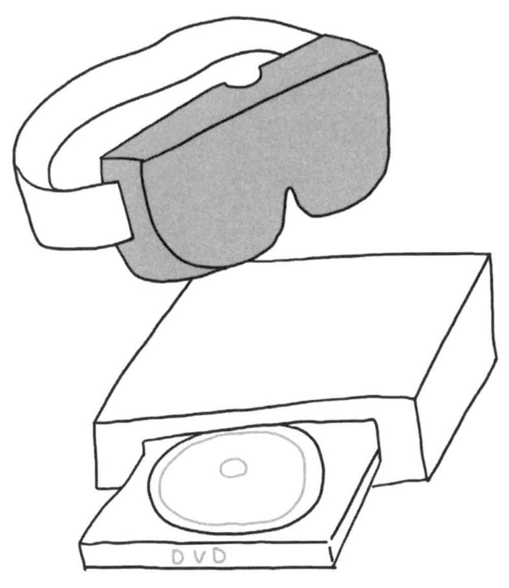

利用任何人都會的簡單操作，
享受 360 度的 VR 演唱會。

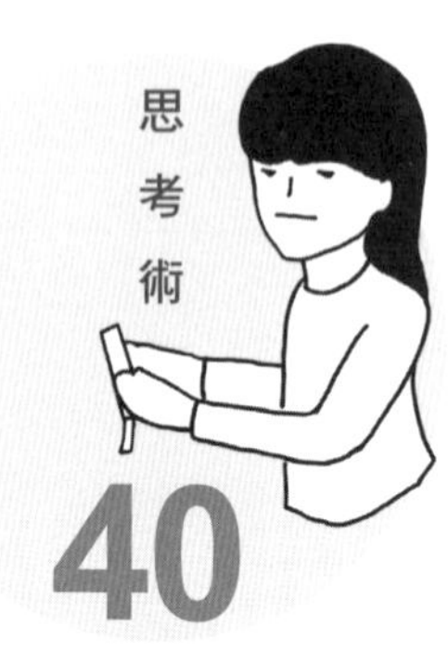

從「欲望」開始思考

創意經常從「欲望」中誕生——這是我個人的想法。因為「思考」這個行為的動機，追根究柢都有著某種欲望。

早上挑選今天穿的衣服時，無論是重視功能性，還是在意別人的眼光，終究都是欲望。即使是更抽象的思考，譬如就連思考未來的時候，根據的都是金錢、名聲等內在的欲望。許許多多的欲望，意想不到地隱藏在生活當中。

意識到這些欲望，就能在轉眼間想出許多創意，因為世界上各式各樣的事物，都是為了實現人們的欲望而誕生。

電車與汽車的誕生，是為了實現人們「想要輕鬆前往遠方」的欲望；保溫瓶的誕生，是為了實現人們「想要隨身攜帶溫熱飲料」的欲望。

欲望能帶給我們全新的視角。我的發明品中，也有很多的發想源自於欲望。這兩個字雖然在日常生活中聽起來經常帶點負面的意味，但在思考創意時卻非常重要。

你在平常的生活中，是否也曾有過「啊，好想請假」或是「好想要錢啊」的想法？我幾乎每天都這麼想，這些情緒也是一種帶來創意的欲望。

冒出「啊，好想請假」的想法後，一定會激勵自己努力工作（了不起），或是決定偷懶，但我希望你在感受到這些「欲望」時，先停下來觀察，思考解決的方法。

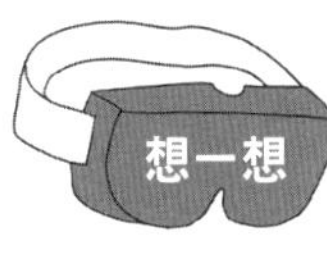

請你回顧這幾天的生活，列出幾件「想做卻做不了」的事情。

詞語
半徑一公尺
轉個角度
大家都知道的事
自己的事
資訊
情緒
思考方式

我想到的「想做卻做不了的事情」有……

·買下許多自己喜歡的東西，完全不用在意價錢

·走夜路的時候大聲唱歌

·翹班去海邊

·想吃什麼就吃什麼，完全不用在意熱量等。

列出來之後會發現，都是一些孩子氣的欲望，但就從這些坦率的欲望開始思考創意吧！

41 深入挖掘「欲望」

為什麼想請假卻請不了呢？每個人都有自己的理由，而我的情況是因為即使裝病請假，也依然害怕被拆穿。打電話請假時，如果語調聽起來很有精神，就會遭上司懷疑。

我很膽小，即使裝病請假，依然會因為擔心被拆穿而一整天都心驚膽戰，這是要我別裝病請假的意思嗎？

此外，如果進一步思考「裝病請假」還有哪些問題，也會想到「裝病的靈感枯竭」。

如果只因為「肚子痛」就請假，會被認為「這傢伙老是肚子痛就不來上班」，但「親戚去世」這種騙人的理由也無法重複使用。

深入挖掘生活中產生的欲望，分析滿足願望的障礙，就能看見問題。

早上起床、上班，下班回家後耍廢、睡覺。**這樣平凡無奇的日常生活中，隱藏著許多欲望**。討厭早起的人或許會想要睡回籠覺，去了公司後也可能想午睡。

這些欲望有什麼樣的問題呢？如果把焦點擺在「欲望的矛盾」，就更容易思考創意。如此一來或許就會誕生「雖然裝病請假不可取，但好想耍廢啊」、半夜覺得「好想吃泡麵，但又不想變胖」之類任性的欲望。

請將前一節想到的「想做卻做不了的事情」的障礙寫出來。
接著再想想該怎麼做才能解決障礙。

從「想要翹班去海邊」的欲望切入，就會發現存在著如同前面提到的「裝病的靈感枯竭」這樣的障礙。而這個障礙，似乎只要能夠增加裝病的選項就能解決。

我以前曾經製作「請假理由生成機」，這是個劃時代的發明，只要按下按鈕，就能隨機組合單字，創造出許許多多請假的理由。

請假理由生成機

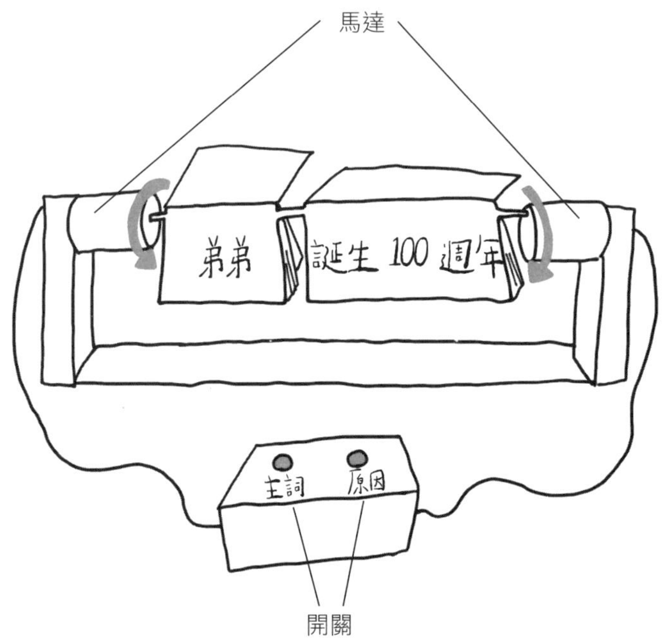

按下按鈕，
寫著「主詞」「原因」的紙張就會旋轉，
可以創造出好幾百個請假的理由。

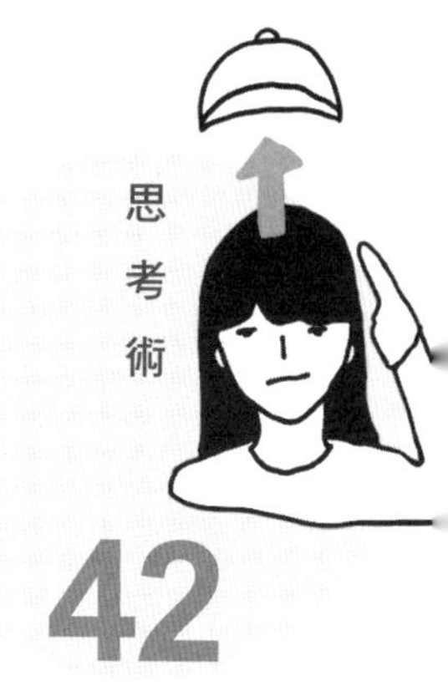

將「欲望」極大化

為了將抽象的「欲望」變得稍微具體一點，我們試著邊參考馬斯洛的需求層次理論邊思考。

根據心理學家馬斯洛的理論，人類的需求有五個層次，分別是「生理需求」「安全需求」「社會需求」「自尊需求」「自我實現需求」，即使只關注其中的「生理需求」與「自尊需求」，也會更容易思考創意。

我們總是抱持著某種欲望，當這個欲望極大化時，就容易聯想到創意。譬如憋尿的時候就是如此。

任何人應該都有過憋尿的經驗，憋尿的時候，是否有過把精神集中在該如何應付這種狀況的感受呢？譬如改變姿勢創造膀胱的空間、深呼吸讓自己冷靜、在腦中模擬去廁所的最短距離。

像這樣將欲望極大化，大腦就會全速運轉，思考該如何處理這個狀況。俗話說「窮則變，變則通」，人就是要被逼到絕境才會誕生靈感。

換句話說，**坦率思考面對強烈欲望時的解決方法，更有可能誕生創意。**

如果「生理需求」在憋尿時將欲望極大化，那麼「自尊需求」呢？或

馬斯洛的五階段需求

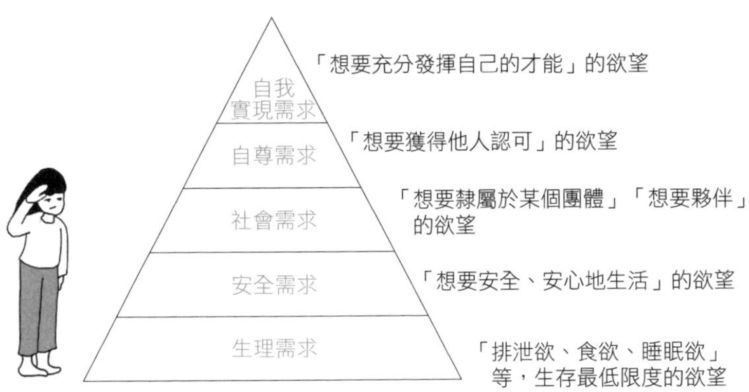

許會在無法從IG或FB獲得「按讚數」時將欲望極大化吧？

此外，利用這個方法，刻意在自己心中將沒有那麼重要的欲望最大化，似乎也會想出其他創意。

舉例來說，將程度只有「今天想吃拉麵」的欲望，在自己心中拉高到「現在不立刻吃拉麵就會死」的地步，就能進一步思考「十秒就能吃到拉麵的方法」「網羅附近拉麵店的地圖」等。

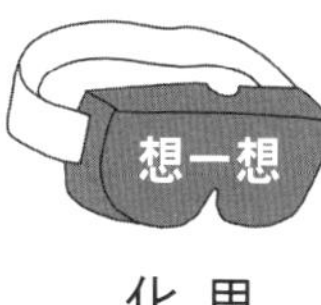

思考在日常生活中，將「需求層次理論」中的任何一個需求，變成極大化的欲望的狀況。再想想看滿足這個欲望的點子。

我在發表自己覺得有趣的文章卻完全沒有人「按讚」時，「自尊需求」就會變得極大化。如果有機器人能夠肯定自己的所有行動就好了，因此基於這個想法製作了「我說的都對機",試圖滿足這個欲望。

我說的都對機

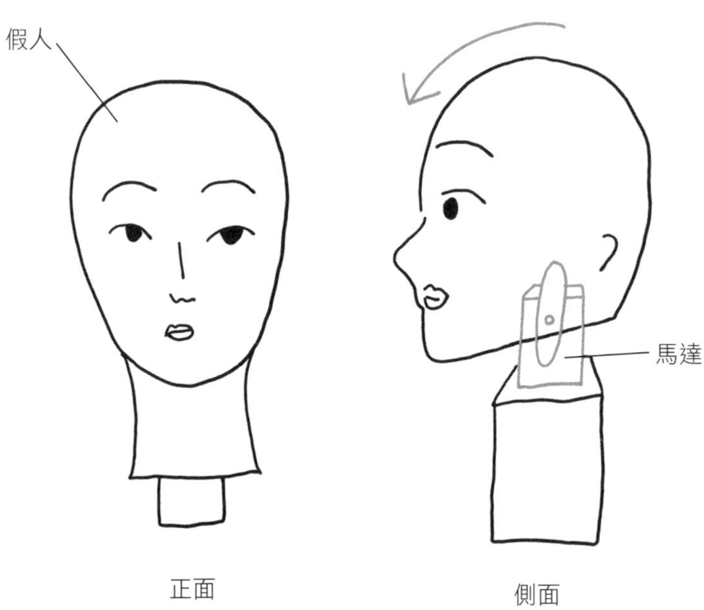

馬達對說話的聲音產生反應，
帶動假人點頭，彷彿贊成一樣。

思考術

43

從「生理需求」開始思考

我想針對從馬斯洛的需求層次理論中，從「生理需求」所發現的創意進行考察。

生理需求是人生在世最基本的欲望，尤其「排泄欲、食欲、睡眠欲」被稱為三大欲望。平常或許不會如此強烈意識到，但偶爾會因為發生某種情境，使得這些欲望急遽提升。

請想像陷入高速公路大塞車時感受到的尿意、深夜滑社群軟體時映入眼簾的拉麵照片、下午工作時來襲的睡魔等欲望極大化的情境，並思考解決方法。請先暫時無視當場尿褲子或是在直接在公司打瞌睡這類直球對決的方法。

以現有的服務為例，有個叫做「RunPee」的ＡＰＰ，就是為了解決在看電影時想去廁所的問題。在看電影的途中去廁所，會擔心回來的時候劇情接不上，而這個ＡＰＰ就能告訴你「即使去廁所也不妨礙理解接下來的劇情發展的時間點」。

至於在深夜滑社群軟體時，拉麵的照片映入眼簾就是個嚴重的問題，因為看了就會想吃。

雖然知道深夜吃拉麵既不健康，對皮膚也不好，但欲望已經變成極大化的怪物，誰也阻止不了想去拉麵店或去便利商店買泡麵的自己，該如何遏止這種欲望極大化時的爆走狀態呢？

憋尿或是遭到睡魔襲擊等強烈的生理欲望湧上時，就是思考創意的契機。請盡情想像「如果有這種東西就好了」（雖然到時候或許沒有這樣的閒情逸致）。

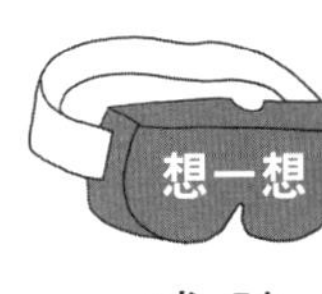

請想想看該如何解決，
或是打消「深夜想吃拉麵」的欲望。

以我為例，我在社群軟體上看到拉麵的照片時就會觸發這樣的欲望，因此思考了解決的方法。

譬如，利用APP將網路上的拉麵照片，全部置換成與「美味」的感受完全相反的「螺絲」如何呢？食欲似乎就會消失無蹤。

將拉麵的照片全部換成螺絲的 APP

辨識網路上的拉麵照片，
全部換成螺絲的照片。

從「麻煩」開始思考

躺著看漫畫時，手離開漫畫去拿洋芋片是一件麻煩的事情。一隻手離開，就會導致漫畫闔起來，而這個動作有時也會破壞平衡，使得漫畫從手上掉下來，不僅煩人，擦拭拿了洋芋片之後油膩的手也很麻煩。

前面談論了「欲望」這個有點抽象的主題，但說不定也有人覺得「我沒什麼欲望啊」，而無法繼續思考下去。

這些人如果從不時存在於生活中的「麻煩」開始思考就會很容易。

為了察覺生活中的「麻煩」，可以列出「總是被拖延的事情」。

堆在水槽裡的碗、廁所衛生紙用完了也不換、買來的書沒有讀就丟在那裡。列出這些拖延的行動，思考「該怎麼做才能變得不麻煩呢」，就能不斷出現創意的靈感。

請回想最近感受到的「麻煩」，並思考解決這個麻煩的創意。

如同前面提到的，我覺得邊看漫畫邊吃洋芋片很麻煩。如果洋芋片在我看漫畫的時候，不需要親自動手就能送進我的嘴巴裡，似乎就能解決這個問題。

所以我想到了使用馬達的「不動手就能吃洋芋片機」。

不動手就能吃洋芋片機

嘴巴張開，感應器就會反應，
驅使馬達動作，將洋芋片倒進嘴巴裡。

45 思考「不得不改變行動的方法」

戴眼鏡的人或許都有過類似的經驗——鏡片弄髒時，因為拿出眼鏡布很麻煩，所以忍不住用 T 袖的衣襬擦。

但是用衣襬擦不乾淨，有時甚至還會變得更髒。之所以還是忍不住用 T 袖的衣襬擦，就是因為怕麻煩的壞習慣。

既然如此，如果有「用眼鏡布材質製成的 T 袖」，不就一切都解決了嗎？

用 T 袖的衣襬擦眼鏡的行動，刻劃在戴眼鏡又怕麻煩的人的基因裡，這種「模式化的行動」很難改變。

於是我換個視角，設下「這種行動絕對改變不了」的前提，這麼一來，就能看見企圖直接解決時不會想到的創意。

菸蒂被到處亂丟的地方，即使豎立「禁止亂丟菸蒂」的看板，會丟的人還是會丟。既然如此，不妨乾脆設下「人絕對會亂丟菸蒂」的前提，看看能想到什麼樣的解決對策。譬如裝設菸灰缸可以解決，將這一帶的地面做成巨大菸灰缸或許也不錯。

從這樣的視角開始思考，會出現哪些創意呢？

伸手去拿桌上的遙控器很麻煩，乾脆用腳拿（→製作方便用腳抓取的遙控器）。整理收據很麻煩，結果隨便丟在一個地方（→製作只要隨便放進去就能分類的收納箱）。

思考盡量不需要改變行動的方法，就有機會誕生劃時代的創意。

請回想最近感覺到的「麻煩事」，思考不需要改變自己的行動，就能解決這個麻煩的創意。

我想到了「邊看漫畫邊吃洋芋片很麻煩的問題」。

前面提出的「洋芋片機」，藉由馬達將洋芋片倒入口中，但有沒有辦法既能自己拿洋芋片，又能翻漫畫呢？

於是我想到了「附夾子的手套」。以帶著手套的指腹翻頁，用指尖的夾子拿洋芋片。這麼一來，不需要改變行動就能解決問題。

附夾子的手套

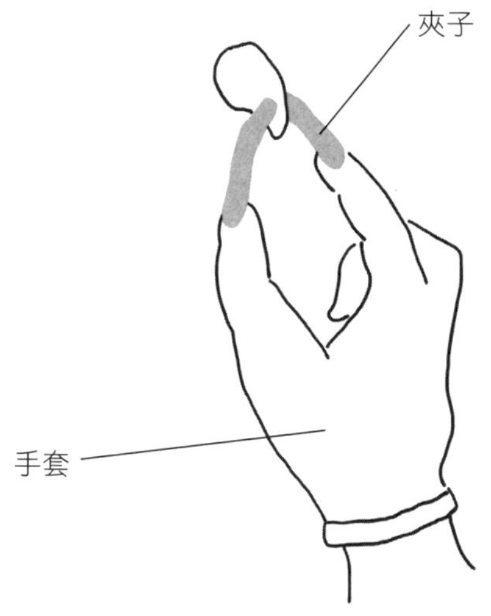

用夾子夾洋芋片，
以指腹翻漫畫。

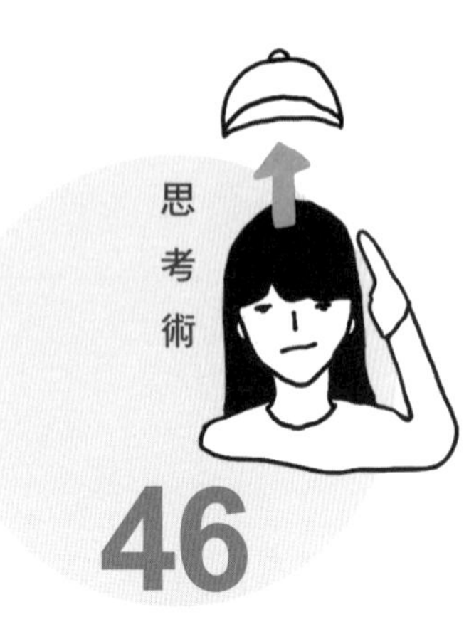

從「七宗罪」開始思考

這麼說很突然，但我覺得「七宗罪」真的很厲害。

七宗罪出自四世紀的天主教修道士所撰寫的《修行論》，指的是七種導致人類做出惡行的念頭，分別是「傲慢」「貪婪」「嫉妒」「憤怒」「色欲」「暴食」「怠惰」。

時至今日，我突然覺得很厲害，是因為我赫然發現人類即使進入二十一世紀，依然持續輸給這些念頭。人類要到什麼時候才能戰勝呢？

不過，這七個念頭就和馬斯洛的需求層次理論一樣，能夠成為創意的泉源。

我們先將注意力擺在「傲慢」「貪婪」「色欲」「暴食」「怠惰」這五種欲望，有哪些現成的服務，能夠滿足這五種欲望呢？

- **傲慢**：想要保有自尊心，想要擺架子→酒店、牛郎店
- **貪婪**：想要輕易獲得金錢與物品→賭博
- **色欲**：想要滿足性欲→性產業
- **暴食**：想要吃到撐→速食
- **怠惰**：不想做該做的事情→家電、家事助理

這些服務不僅輸給欲望，還瞄準別人的弱點賺錢。人類真是罪孽深重啊！

任何人都有這五種欲望，**但當事人很難意識到自己正在追求這些欲望的滿足。**

尤其像「傲慢」這樣的欲望，即使隱藏在內心某處，應該也不會坦率承認「我好想瞧不起別人，好想對別人擺架子喔」。必須等到回過神來，才發現自己已經無意識地擺起架子、對別人說教、瞧不起別人了。

創意就從察覺這種無意識的欲望中誕生。而且既然是幾千年來都無法克服的強烈欲望，想必能帶來更普遍的創意。

47

凝視「討厭的自己」

為了注意到自己在無意識中抱持的欲望，我推薦的方法是鼓起勇氣「盡情覺察討厭的自己」。

此外，**確實地使用語言，坦率表達自己的欲望也很重要**。

我與年紀比自己小的朋友聚餐時，總是忍不住端起前輩的架子給予建議。給予建議時心情非常爽快，而後輩「原來如此！」的附和讓自己更加飄飄然。

幾年前，我非常討厭那些像這樣給人建議的前輩，但現在卻加入了前輩的行列。傲慢的自己很討厭，但是，我卻逃不開這種心情爽快的感覺……

察覺自己的欲望，或是由這些欲望引起的矛盾時，可藉由思考「該怎麼做才能以正面的方式解決」而誕生創意。

人類的欲望相當複雜。但是，坦率面對自己的欲望，就能理解情緒的微妙之處。將自己煩躁的欲望與微妙的情緒化為詞語，思考創意就會變得更容易，因為這麼做能夠仔細探索打動自己內心的創意形式。

想一想

請試著將自己個性中難以告訴別人的缺點化為詞語，並且思考解決的方法。

就像我在前面坦白的，我有時候會對後輩表現出傲慢的態度，如果有服務能夠解決這樣的欲望就好了……有沒有服務能夠讓我自然地端起架子，滿足給予建議的欲望呢？

譬如，「員工都是不太考慮將來，至今依然賴在家裡的年輕人的酒吧」如何呢？這麼一來顧客就會自然而然想要說教，因此既不用犧牲後輩，又能滿足傲慢的欲望。

讓「醜惡」變得可愛

從「解決欲望」的角度直接思考創意，只會想到賺錢的方法或受歡迎的方法等，容易使創意變得下流。譬如剛才想到的「由賴在家裡的年輕人擔任員工的酒吧」，也是個太過負面的想法。

為了避免淪落為負面或下流，我希望大家盡可能將注意力擺在「可愛」，緩和欲望的醜惡。

簡單來說，即使有「想要賺很多錢」的欲望，也不要朝著「只要是為了賺錢，不管是詐騙還是其他骯髒事我都願意做」的方向思考，而是要朝著「種出能變成錢的樹」等奇幻的方向去想像。

那麼，該怎麼做才種得出能變成錢的樹呢……這麼一來，思考就能朝著別人想不到的美好方向擴大。

調整負面欲望的方向再思考，就會變成更容易輸出的創意。此外，深入挖掘自己的想法，探究「自己為什麼會有這樣的欲望」，也能讓欲望變成個人層面的可愛想法。

自己為什麼會有「想要賺很多錢」的欲望呢？

以我為例，因為我希望「過好的生活」。

那麼，「什麼是好的生活呢？」

關於這個問題，想必每個人想有不同的答案。像這樣慢慢地使欲望貼近「自己的感受」，就能帶來獨特的創意。

對我來說，「好的生活」就是「興致一來就能去吃不轉的壽司」。

這樣就能將原本「想要賺很多錢」的主題，調整成「想要興致一來就去吃不轉的壽司」來思考。

如果思考「賺大錢的方法」，似乎只能想到壞主意，而且這是很多人都在思考的事情，很難得到什麼新的發想。

但是「興致一來就能去吃不轉的壽司的方法」就誰也沒有想過。而且因為目標具體，解決方法變得單純，也更容易想像出創意。

換句話說，不是直接解決感受到的欲望，而是思考能不能將欲望變得更小、更具體。

請以自己的方式詮釋「想要賺大錢」的欲望，並思考實現這個欲望的方法。

就像我剛才說的，對我來說「興致一來就能去吃不轉的壽司」，是我「想要賺大錢」的理由。然而，儘管我想吃不轉的壽司，但超市的壽司便當已經是我的極限。

那麼，以置身於高級餐廳的氣氛品嘗超市的壽司便當如何呢？舉例來說，利用VR技術，讓自己即使在家吃廉價壽司，眼前也能出現「久兵衛」之類的高級壽司店的吧台景象。

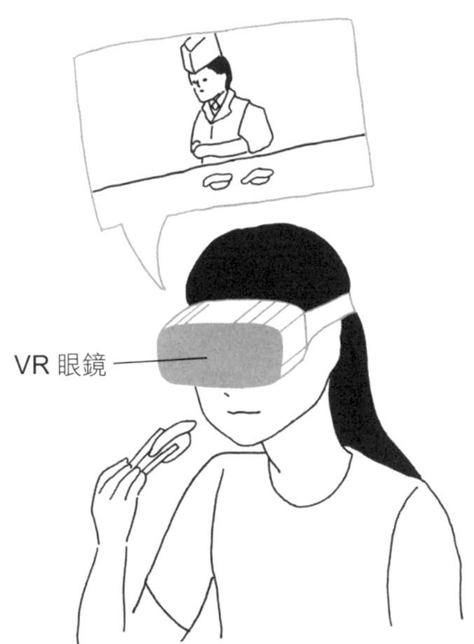

即使在自己家裡吃壽司便當，
也能品味高級壽司店的氣氛。

49 從「巨大的欲望」開始思考

除了在自己生活中感受到的欲望之外，從脫離現實的巨大欲望開始思考，也是擴大想像力的方法。

舉例來說，如果從漫畫中出現的男女主角、影集裡看到的富裕生活等，產生「我也想要這麼做」的嚮往，就能由此思考創意。

想變得像功夫電影的主角一樣厲害（但實際上一點也不厲害，所以製作「自動甩來甩去的雙截棍」）。

想談少女漫畫般的戀愛（但實際上不會有那樣的邂逅，所以製作「幫你重現心動場景的機器人」）。

想變得像影集裡出現的天才物理學家一樣（但是實際上一點也不懂物理，所以製作「思考時頭頂會顯示算式的機器」）。

這些不切實際的欲望，也能成為各種創意的泉源。

我想試試看的是「用鈔票洗澡」。

我沒有足以在現實中做這種事的財力，而且話說回來，即使真的有錢，也沒有人會做這種事吧？我試著思考該如何實現在現實中做不到的理想。

請思考如何以少少的錢實現「用鈔票洗澡」的願望。

「用鈔票洗澡」需要大量的鈔票，但很遺憾的是，即使把我所有的財產都放進浴缸裡，也只有淺淺一層。如果「鈔票水位」只有這樣，心情就會變得非常哀傷，真希望鈔票多到正常洗澡的水位。

於是我想到了光雕投影這個方法。用投影機將鈔票的照片投影到水面上，水面看起來就會像鈔票，即使只是泡著普通的熱水，也能擁有用鈔票洗澡的心情。

鈔票澡光雕投影機

利用投影機將鈔票的照片投影到浴缸裡的熱水上，
看起來就像用鈔票洗澡。
即使泡著自己家的小浴缸，
也能品味大富翁的心情。

50 克服「欲望」

再回到七宗罪的話題，既然被形容成「大罪」，照理來說就是人類必須克服的欲望，可不是因為想出「光雕投影鈔票澡」這種滿是欲望的點子而沾沾自喜的時候。

最近，只保有最低限度必要物品，被稱為「極簡主義」的人也逐漸增加，像這樣簡化生活也有它的好處，生活型態似乎能變得更輕鬆。

克服欲望原本就是一件非常爽快的事情，這或許也是解決欲望的一項策略。譬如「節制」是與暴食相反的美德，午餐自己帶便當、不外食，控制抽菸喝酒的量，就能獲得小小的成就感。

至於怠惰的相反則是「勤勉」，為了有效率地完成各種任務而努力的人也很多吧？譬如利用空檔時間打開APP學英文、或是聽有聲書。將注意力擺在與七宗罪相反的美德，思考克服欲望的方法吧！

與「七宗罪」相反的美德

傲慢↔謙虛　貪婪↔慈善／寬容　色欲↔純潔

憤怒↔忍耐　嫉妒↔感謝／品德　暴食↔節制　怠惰↔勤勉

針對自己的欲望思考克服的方法。

說到我的煩惱，就是如果邊喝酒邊逛購物網站，就會想擁有不怎麼需要的東西，甚至衝動地刷卡買下來。

我在不久前才剛買了猴子表情符號的造型抱枕，所以每個月都很怕看到信用卡帳單。如果建立一個喝酒就不能逛購物網站的機制，應該就能解決這個問題吧？

安裝酒測器的電腦

如果沒有偵測到酒精……

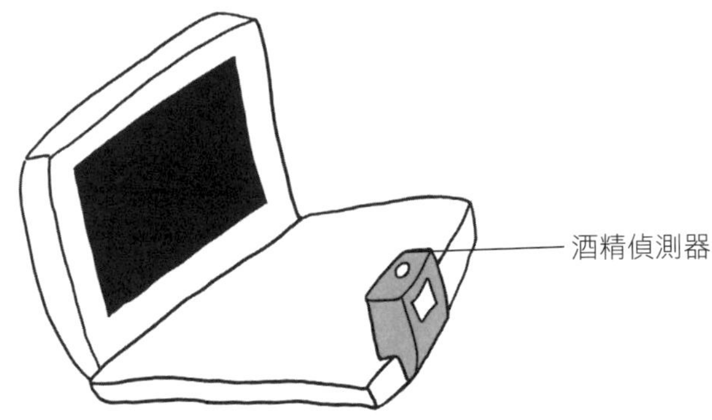

如果偵測到酒精……

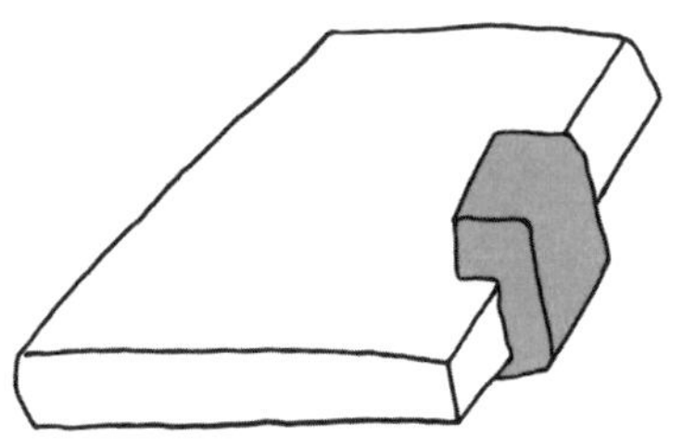

偵測到酒精就會上鎖，
讓電腦打不開。

51「檢視」創意

從「自己的事」，譬如欲望開始思考創意時，重要的是客觀的視角。

前面也提過，從欲望開始思考的創意，可能會讓別人覺得下流，或是感到不舒服，因此構思企畫或活動等向世人公開的創意時，**思考到某個程度時先暫停，以客觀的角度檢視就很重要**。

尤其我的「無用發明」幾乎都是獨自構思，沒有與別人討論，因此在發表之前一定會保留一段冷靜檢視創意的時間。

為了客觀檢視創意，最好實際拿給別人看。如果沒有這樣的人選，請想像身邊那些與自己品味不同的人，譬如年紀與自己相差甚遠的公司部下或上司、性別相反的同事等，請你稍微想像「那個人會怎麼想呢？」對方會失笑，還是會生氣呢？

像這樣發揮想像力模擬別人的心情，就有機會發現或許會讓別人感到不愉快的要素，或是讓創意更有趣的方法。

此外，還有一點必須確認的是「是否違背法律」。各位或許會覺得「想太多了吧」但創意有時也會變成輕微的違法行為。

我以前曾經製作「討錢機」。這個機器的靈感來自維基百科的勸募廣告，能夠在和朋友聊天時，委婉地跳出勸募訊息。

但我製作並發表了之後才知道，這似乎是違反輕犯罪法的行為。

輕犯罪法會處罰「乞討或被迫乞討者」，而「討錢機」似乎觸犯了這條法律。不過我只有製作機器並發表，沒有真的使用這台機器討錢，所以平安過關。

此外，我也曾製作「撿零錢機」，但撿零錢的行為也觸犯了「冒領失物罪」。看來我一天到晚都在犯法。

如果從一開始就過度在意他人的想法，創意就會變得平凡無奇，但最後還是必須想像「別人的觀點」。

○ ○ ○

思考創意時觀察自己的內心，就能從「自己」這個人身上發現許多。發現自己個性有點差、有點任性，也接受自己「有這樣的部分」，試著由此擴大思考。如此一來，必定能夠誕生只有自己才想得到的有趣創意。

乞討機

與朋友聊天時啟動馬達，
勸募訊息就會不著痕跡地垂降在面前。

Chapter 6

從「資訊」開始思考

如何提出從來沒想過的東西

52 從「資訊」開始思考

你有沒有過邊在路上散步，或是邊瀏覽網頁，邊思考「能不能想到什麼好點子」的經驗呢？像這樣利用映入眼簾的事物、過去的經驗、獲得的資訊等閃過腦海，或是發呆等待靈感降臨的方式，似乎可以歸類為「從資訊開始思考」。

電視、廣播、網路、路上的風景等，**世界上充滿許多資訊。這些資訊給了我們各種情緒與欲望**，成為創意的泉源。

在電視連續劇中，可以看到女性藉由分盛沙拉展現自己魅力的一幕，我看到後，心想「分盛沙拉好像超麻煩的」。

我雖然沒有聯誼過，卻能藉由來自電視的資訊，產生對這件事的情緒。

如果分盛沙拉是興趣，或許會感到愉快，但幫別人分盛沙拉似乎是件麻煩事；但我也認為，為了在聯誼當中受歡迎，必須付出這樣的努力。

如果再想得更遠，就會產生「雖然分盛沙拉很麻煩，但為了展現自己的優點，我想要分盛沙拉」的「矛盾欲望」。

我以此為起點，想到了如下一頁的點子。由此可知，從「輸入」的資訊發現問題，就能夠想出創意。

前面的章節，主要都從自己在生活中的實際感受開始思考，但本章將介紹積極從各種媒體接收資訊以擴大思考範圍的方法，藉此得到遠離自己生活的靈感。

聯誼中的沙拉分盛機

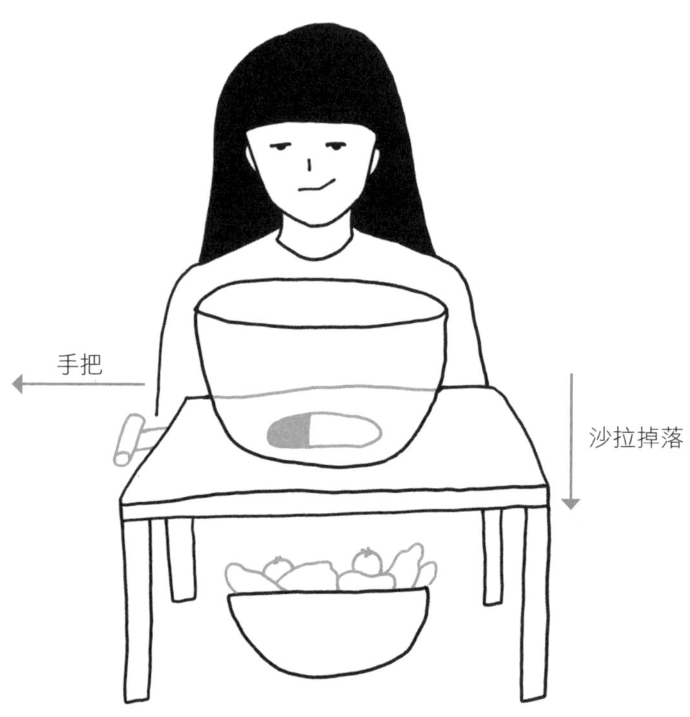

拉動手把開啟底部，
沙拉就會落入擺在下面的容器，
如此一來就能不經思考地分盛沙拉。

「移入感情」

走在路上會發現許多事情。

當陌生人做出我自己不會做的事情，就會吸引我的目光，**讓我擅自思考他們可能面臨的問題。**

前幾天我去吃拉麵的時候，眼前坐著一個戴眼鏡的人，他的眼鏡在吃拉麵的時候因為蒸氣而霧成一片。我在心裡發出了驚嘆聲，因為我平常都戴隱形眼鏡，很少有眼鏡起霧的經驗。

雖然不是自己的經驗，但想像那個「眼鏡因為蒸氣而起霧的人」的問題，就能想出只思考自己的事情所得不到的點子。

此外，將感情移入目光所及的事物也能思考創意。

我擅自將「想必很難為情」的感情移入眼鏡起霧的人身上思考，而在面對無機物時，我也能進行類似的想像。我擅自推測無機物的情緒，使問題浮現。

對於極少成為鎂光燈焦點的物品，我會感到悲傷。

譬如交通錐。我看到破舊的交通錐，就會覺得有點悲傷，也會思考能不能將它設計得更加時尚顯眼。

我有時也會感覺到無機物的淒涼。

當我看到掛在田裡用來驅鳥的CD，也有種說不出是悲傷還是憐憫的感覺。CD一定希望大家用它來聽音樂，它卻完全被使用在其他用途，真是太淒涼了。

該怎麼做才能解決這種淒涼呢？

反之，也能從無機物想像正面的情緒。我看到隨風飛舞的塑膠袋，也會覺得「好像很開心」。像這樣移入感情，也能帶來創意。

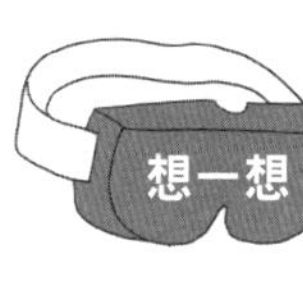

請想想看，該怎麼做才能讓吊掛在田裡的ＣＤ不要那麼淒涼。

我想到的是「吊掛在田裡的ＣＤ專場音樂派對」。即使只有一個晚上，將吊掛在田裡的ＣＤ使用於原本的用途，它們也會瞑目吧？

吊掛在田裡的 CD 專場音樂派對

整個晚上只播放吊掛在田裡的 CD。
這些 CD 在嚴峻的環境中變得傷痕累累，
音質也會大幅變調，
但就用這些雜音讓場面沸騰吧！

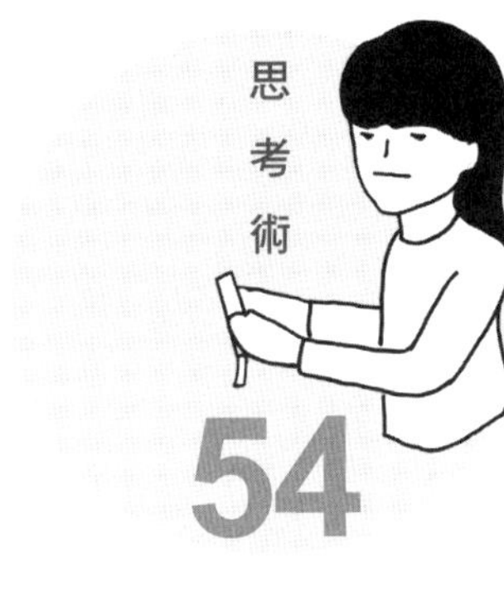

從「回憶」開始思考

思考創意時，也能將過去的自己當成線索。

譬如以前曾經有過，但現在已經戒掉的習慣、20出頭歲時的年輕回憶，或是高中、國中、國小的時候也都分別擁有許多回憶，回想起這些事情，就能更加拓展思考。

在此試著把「橡皮擦」當成主題。橡皮擦存在著什麼回憶呢？

希望你從過去的記憶中探索，譬如小學時流行的橡皮擦遊戲、以前用過的橡皮擦的造形與色彩等，並且從這些回憶中，找出關於橡皮擦的「問題」。

我看到橡皮擦，就會想起小學時經常嘗試的許願儀式。據說把喜歡的人的名字寫在橡皮擦上，並且把橡皮擦用完，你們就會兩情相悅。

不過，我沒有試過全部用完，把整塊橡皮擦用完還滿難的。

即使全部用完，花的時間也太長。用完一塊橡皮擦需要好幾個月，搞不好需要好幾年。如果你希望立刻就能與對方兩情相悅，依賴這個許願儀式就有難度。

於是，「為了達成願望而想將橡皮擦用完卻用不完」「抗戰時間太長」這兩個問題，就從回憶當中浮現。

回憶具體的狀況，就能看見帶來創意的問題。即使當時沒有特別意識到，現在時隔多年再回過頭來看，就能發現「問題出在這裡」。

物品擁有讓人回憶過去的能力。但由於過去因人而異，即使看到的是同一件物品，每個人想到的事情還是會多少有點不同。從回憶開始思考，必定會出現這樣的差異，因此創意也容易變得獨特。

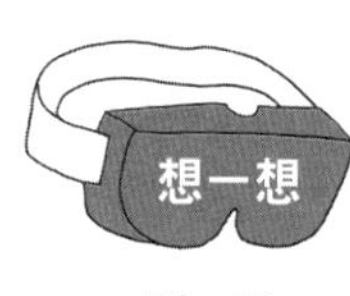

從橡皮擦的回憶出發，試著擴大思考的範圍，想出創意。

我從「許願儀式」開始思考。既然問題在於用完一塊橡皮擦很花時間，如果有幫忙使用橡皮擦的全自動機器，不就一切問題都解決了嗎？

許願作弊機

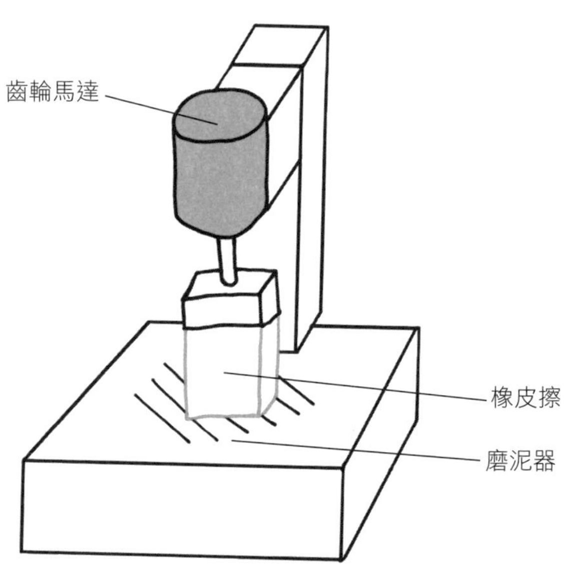

利用馬達的力量，
將橡皮擦逐漸用完。

55 從「網路」開始思考

思考創意的時候，如果腦中一片空白，最好不斷地接觸資訊。映入眼簾的各種事物，都能成為創意的契機。這時候，如果能夠有意識地尋找「問題」，更容易帶來創意。

雖然出門觀察路上的人與物是個不錯的方式，但就算不出門，資訊也能透過網路取得。只要瀏覽網路，即使置身家中，也能收集各種人的思維與行動。

我經常在推特上搜尋包含「困擾」與「不便」的推文。藉由這種方式，我能夠得知年齡、性別、所屬單位都與自己不同的人真正的煩惱。從別人的煩惱出發，就能產生對自己而言也具有新鮮感的創意。

我現在試著在推特上搜尋「困擾」，結果有一位看似上班族的男性發文抱怨「睡醒頭髮亂翹真困擾」。我很少因為睡醒頭髮亂翹而煩惱，但早上匆匆忙忙的時候，沒時間整理頭髮就得去公司確實是件困擾的事情。

雖然這是一則不特別注意就會被忽略的留言，但把思考自己的創意這件事情放在心上，有意識地探索、挑選他人的問題，就能發現從自己的問題意識中不會產生的全新切入點與視角。

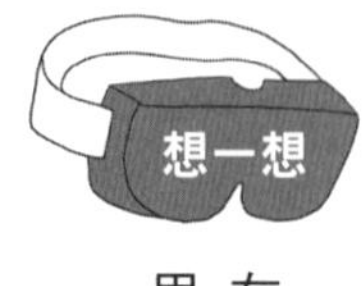

在社群媒體搜尋他人的煩惱，思考解決這個煩惱的創意。

從前面的「睡醒頭髮亂翹」開始思考創意，就會想到如果有個機器，能讓人在忙碌的早晨整理頭髮就會很方便。

我想利用能在通勤時沖澡的「攜帶式晨間沖澡器」，解決那位上班族的煩惱。

攜帶式晨間沖澡器

結合蓮蓬頭與水箱，
以背包的形式背在背上。

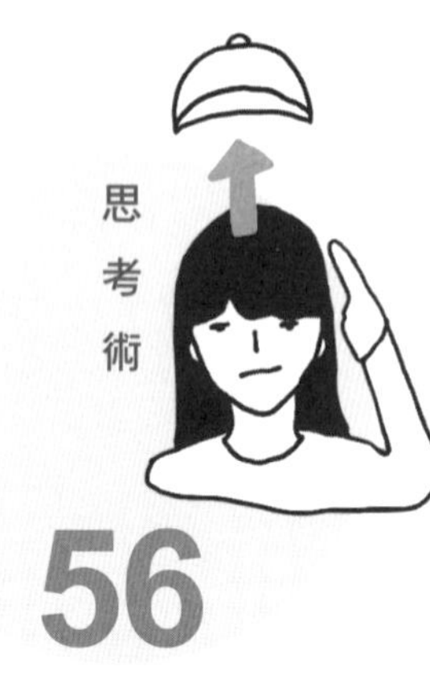

56 從「電視」開始思考

我們可以自行在網路上搜尋、挑選資訊，但如果是電視或收音機等傳統媒體就很困難。

一打看電視，五花八門的資訊就會擅自播放。我們能夠主動瀏覽網路，但看電視的時候，只能變得被動。

但也正因為被動，才能獲得跳脫興趣範圍的資訊。如果以被動接受的資訊作為刺激，進行聯想、挖掘回憶，就能湧現各式各樣的情感與欲望，將思考往前推進。

我希望大家打開電視，放空思緒觀賞跳脫自己興趣範圍的節目。

舉例來說，假設電視上播放的娛樂新聞，正在介紹「這個季節的遊樂園該怎麼玩」的特輯，就能以遊樂園為主題進行發想。如果是我，就會浮現「根本沒有一起去遊樂園的朋友……」這樣的煩惱，而藉由思考其解決方法，就能聯想到「無用發明」的創意。

電視就像為我們帶來思考主題的百寶箱，時時刻刻改變的影像，也恰好能夠刺激思考。尤其娛樂新聞的主題每分鐘都在改變。

此外，電視節目以廣泛的觀眾群為對象製作，幾乎都設計成即使不懂專業知識與背景資訊也能看得有趣。因此觀賞電視節目，就能感受社會整體的平均知識。

舉例來說，YouTuber 這項職業在不久之前還一點都不普及，電視在介紹 YouTuber 時，攝影棚的藝人反應也很驚訝「竟然有從事這種工作的人！」但是現在的節目已經以任何人都知道 YouTuber 為前提進行。

觀察這些部分，就能感受世人對事物的認知度，這點也能成為構思創意時的參考。

事先掌握一般人認為哪些事物「新奇」，哪些事物「有趣」，就能想出容易讓更多人理解的創意。

從電視取得資訊，也代表獲得的資訊已經調整成極普遍的程度。

看電視比上網更被動，然而電視能夠帶給我們無限的思考題目，感受社會上一般知識的程度，就這點來看，電視是對於思考創意非常有幫助的媒體。

○　○　○

積極接收資訊，能夠察覺不存在於自己生活中的事物。而藉由沉浸在繁雜的資訊當中，將情感移入其他的人或物讓想像力馳騁，就能從新的視角誕生創意。

善用電視與網路等媒體，思考各式各樣的創意吧！

Chapter 7

從「情緒」開始思考

讓「自我本色」火力全開的技巧

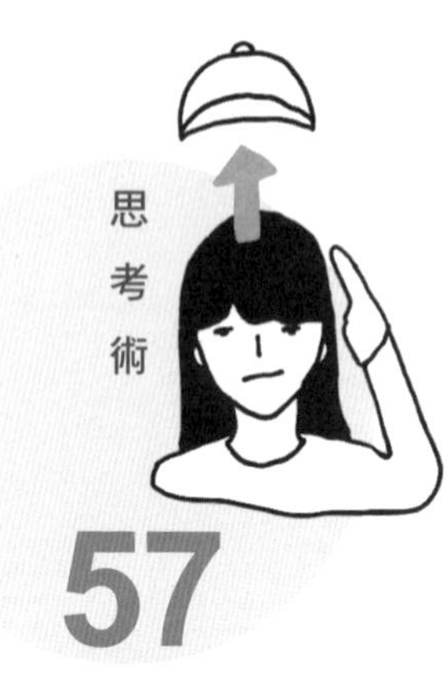

57 留意「情緒的種子」

自己的情緒幽微之處，才是充滿自我本色的地方。從因為看見某樣事物而動搖的情緒展開思考，就能誕生更符合自己本色的想法。

即使不太表露情緒的人，心中想必也有許許多多的情緒在翻攪。請試著將這些情緒一一舀起，當成思考的契機。

我自己對於負面情緒非常敏感。對於嫉妒、悲傷之類的感受，比別人更敏銳。當我在路上看到情侶卿卿我我，就會嫉妒到近乎發瘋。不，根本是瘋了。

於是，我就想到「來做一台能夠在情侶分手時通知我的機器吧！」於是製作了「當情侶推文『分手了』就亮起的燈泡」。每當推特上有人發文「分手了」，我桌上的燈泡就會亮起淡淡的光芒。這麼一來，我就能在心裡想「哎呀，現在有情侶分手了呢！」

雖然這個發明太陰沉，連我自己也有點反感，但是像這樣隨著被挑動的情緒發想創意很愉快，也具有能夠將自己從這種情緒中拯救出來的效果。

即使看著相同的事物，每個人都仍然會抱持著各自不同的情緒，從情緒開始思考，就能誕生自己獨一無二的想法。

當情侶推文「分手了」就會亮起的燈泡

當推特上有「分手了」的新推文，
經由伺服器連上網路的燈泡就會發亮。

58 回憶「情境」

我們在生活中總是有各種不同的感受。即使只是看看社群媒體，也會因為看到可愛動物的影片而覺得療癒並分享出去，或是看到粗俗的評論而感到氣憤並留下意見等，這些生活中湧現的情緒，都能對思考創意帶來助益。

負面情緒

絕望／憤怒／苦惱／悲傷／自卑感／空虛

痛苦／丟臉／憤恨／嫉妒／緊張／罪惡感

正面情緒

感動／滿足／快感／幸福／安心／心愛／期待／尊敬／放鬆

無以名狀的情緒

優越感／幸災樂禍／惆悵（激動）／哀愁／困惑／不安

情緒有許多不同的種類，我試著將它們分成三組。

第一組收集了負面的情緒，我們不會想要長時間沉浸在這樣的情緒裡。因此思考「該如何擺脫這樣的情緒」，就能誕生創意。

下一組是正面的情緒，我們可以從「該怎麼做才能繼續保持這樣的情緒」「該怎麼做才能繼續維持這樣的感覺」開始思考創意。

最後一組是無以名狀的情緒，這樣的情緒難以用言語形容。

舉例來說，「惆悵（saudade）」在葡萄牙語中，帶有「回憶起愉快、溫暖的日子，心情變得既懷念又哀愁」的意味；但我卻覺得在日語中，或許有一種類似「激動（emoi）」的感覺。

激動（emoi）這個字來自英文的「情緒化（emotional）」，是一種既懷舊又哀愁的複雜心情。

此外，「幸災樂禍（schadenfreude）」這個字是德語，指的是看到或聽到別人的不幸，卻莫名覺得開心的情緒；與日語中「以別人的不幸下飯真香」的縮寫「飯真香」幾乎同義。

像這種無以名狀的微妙情緒，如果從「該如何讓別人順利理解」的方向思考，就能帶來有趣的創意。

針對必須思考的主題，去思考與之相伴的情緒，就能讓想法更加擴大。

接下來請邊參考情緒清單，試著以「泡澡」為主題思考吧！你在泡澡時曾有過什麼樣的情緒呢？請試著回憶當時發生的事情。

舉例來說，我曾因為泡澡而產生下列這些情緒：

・**憤怒**：放水的時候忘記把浴缸塞住。自己為什麼會這麼粗心。

・**哀愁**：我曾因為覺得洗浴缸很麻煩，將同一缸水反覆加熱，就這樣用了三天。然而泡在微溫的浴缸裡，心情變得莫名哀愁。

・**愉快**：小時候經常在浴缸裡玩，覺得很愉快。

・**困惑**：這麼一說，雖然覺得有需要而買了臉盆，卻一次也沒有用過。

藉由鎖定主題思考，就能想起平常似乎很快就會忘記的微妙情緒。

由此站在「該如何擺脫這樣的情緒？」「該如何保持這樣的情緒？」「該如何分享這樣的情緒？」的角度提出問題，並思考解決方法。

想一想

回想現在眼前的事物曾讓你有過什麼樣的情緒。接著想想看該如何更加沉浸在這樣的情緒裡，或是該如何擺脫這樣的情緒。

我現在正對著電腦寫這篇文章，所以就試著從我對電腦所抱持的情緒開始思考。首先第一個想到的是「當機時的焦慮」。

該如何擺脫這種負面情緒呢？譬如拳擊機如何呢？如果有揍一拳就能將電腦強制關機的拳擊機，似乎就能解決這樣的情緒。

強制關機拳擊機

憑著一股憤怒揍向沙包，
讓電腦強制關機。

記錄「微妙的情緒」

雖然說可以「從情緒開始思考創意」，但掌握自己的情緒出乎意料地困難。因此在這裡想要介紹以「將情緒言語化」帶來創意的方法。

有些人不太會將喜怒哀樂表現出來。但這些人在日常生活中，想必也會實際上感受到各種心情，我希望大家把注意力擺在「與人相處時」的情緒波動。

我們在與別人打交道時，容易湧現各種情緒。在交流會中被奇怪的人纏上時會覺得不舒服、在擠滿人的電車上被手提包的邊角撞到腋下會感到煩躁、明明一直舉著手，卻沒有計程車願意停下來時會有種被排擠的感覺。

自己與朋友、自己與他人、自己與社會。情緒就在兩者的交集處波動，從這些交集處產生的情緒容易獲得共鳴，帶來絕妙的創意。

此外，將情緒寫成文章也是一種方法。「書寫」能讓曖昧模糊的感受變得更明確，可以試著每天寫日記，也可以使用部落格。

我們能夠在日常瑣事的記錄中，整理自己的感受。寫文章時，以影響情緒的事件為中心，可以不把文章給任何人看，或者即使有讀者，也不需考慮他們。這麼一來，寫出的文章或許就會與臉書上呈現的充實生活相反，都是一些「無關緊要的事情」。

回顧我自己的部落格，寫的也都是無關緊要的事，譬如「走進平常使用的廁所，發現垃圾桶的位置和平常不一樣，覺得很可怕」，或是「帶著面具走在青山街頭，沒有任何人回頭看，甚至連冰冷的視線都沒有，真是落寞」。

即使到了今天，當我回頭讀這些文章時，依然能夠理解當時的可怕與落寞。將這些從無關緊要的事情中誕生的微小情緒儲存起來，就能增加創意的養分。

試試「自動書寫」

想不到該寫什麼的人，可以嘗試「自動書寫」。這是過去的超現實主義者，為了製作不受限於自我意識與倫理的作品所想出的手法，不決定書寫的主題，以猛烈的速度將當場想到的東西心無旁騖地寫下來。

訣竅在於不顧一切地「高速」書寫，將消沉時憂鬱或煩躁的情緒等，順暢地化為詞語，有時候也會寫出相當具爭議性的內容。

但是，書寫時完全不要在意「如果這篇文章不小心公開，可能會失去朋友，可能會被出征」等顧慮，這麼一來就有機會發現自己意外的情緒。

即使覺得自己沒什麼情緒起伏，嘗試像這樣的書寫，應該也會發現各式各樣的情緒出乎意料地塞滿自己的內心。

我當然不覺得自動書寫可以當成創意筆記，我自己也不曾在思考創意時回頭讀。就算回過頭看也只是一堆亂七八糟的文字，無法直接帶來創意。

我覺得自動書寫比較像是「將情緒坦率地寫成文字的訓練」。日常生活中持續意識到自己在「什麼樣的狀況下有什麼樣的感受」，就更容易掌握平常模糊感受到的情緒，也更常想像別人的心情。

平常就像這樣留意各種情緒，也更容易迸發出「如果製作這樣的作品，就能重現那種愉快的心情」「以這種方式呈現，更能傳達那種微妙的感覺」之類的創意。

61 捕捉「無以名狀的情緒」

我們在生活中經常抱持著無以名狀的情緒，儘管自己沒有清楚意識到這件事情。「哀愁」「尷尬」「困惑」「不安」等情緒，模模糊糊地瀰漫在心裡。無以名狀的情緒，難以用詞語表達。但創意就是一種愈能夠寫成詞語，就愈容易想到的東西。所以愈能夠捕捉這些無以名狀的情緒，就愈容易發現創意。

請大家回想生活中無以名狀的情境。舉例來說，與朋友一起出去玩時，朋友帶來了其他朋友，這個人與自己是第一次見面。不過到此為止，還不至於會有無以名狀的感覺。

接著三人一起走進咖啡廳，聊得相當起勁，但朋友說了一句「我去一下廁所」就暫時離席。朋友一離開位子，你們突然失去話題，只能有一句沒一句地聊著無關痛癢的瑣事，明明沒什麼重要的事情也看著手機。

這想必是絕大多數人都經歷過的無以名狀的情境吧？

日常生活中，經常會產生這種無以名狀的感覺，雖然不太舒服，但也不到憤怒這麼強烈。

將這種無以名狀的情緒以詞語表達，能夠藉此察覺自己微妙的情緒變化。而撈出這種情緒發想創意，就能做出打動人心的作品。

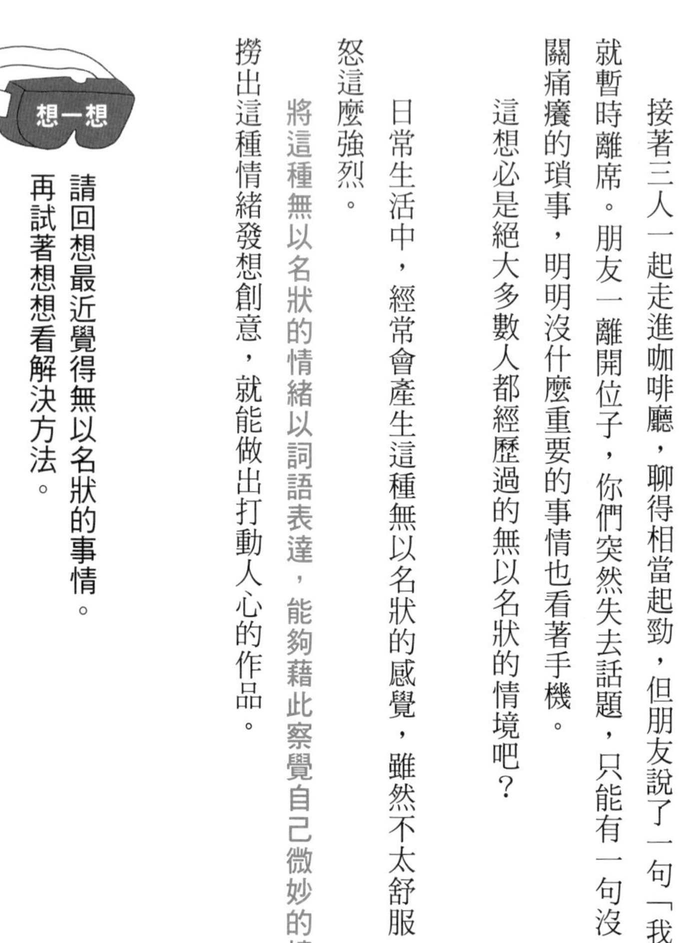

請回想最近覺得無以名狀的事情。

再試著想想看解決方法。

我與第一次見面的人無話可說時，會有無以名狀的感覺。所以會覺得，如果有工具可以幫助對話就好了。譬如在沉默持續時，可以偵測到對話陷入困境的狀況，提供我們似乎可以聊得熱絡的主題如何呢？

對話輔助裝置

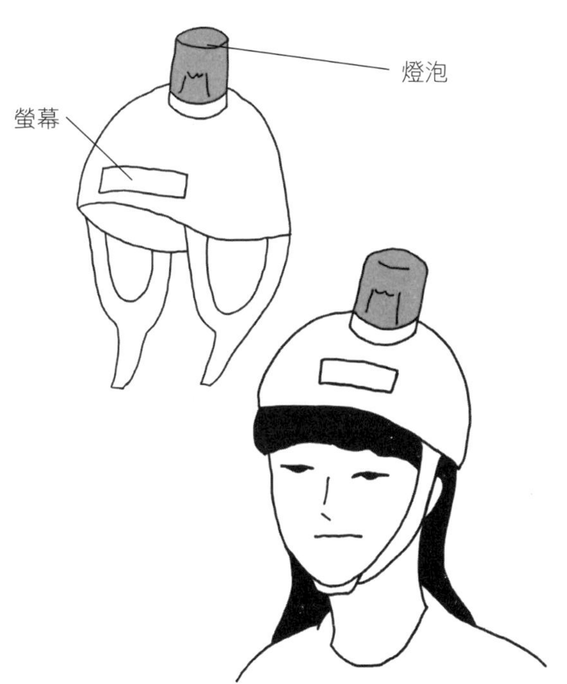

沉默持續一段時間燈泡就會發亮，
並在螢幕上顯示話題。

思考「消氣」的方法

我往往會將注意力擺在負面情緒，實際上也經常以嫉妒或憤怒為靈感思考。這些負面情緒熊熊燃燒，帶來逐漸加深思考的能量，所以我會盡可能累積在生活中感覺到的負面情緒。

將近末班車時在車站前接吻的情侶、嘮叨找碴的兼職歐巴桑、活躍的同學、那個借走心愛的 DVD 就不還我的傢伙……

焦慮、嫉妒的情緒非常具有攻擊性，不是愉快的感受。但是咀嚼這樣的情緒，將攻擊的部分當成雜質去除，就能轉變為爽快的創意。

從憤怒的情緒開始思考創意時，必須站在比平常更客觀的角度仔細地重新檢視，看看這個創意有沒有對別人造成攻擊，想辦法減少不快感。換句話說，就是以不攻擊別人的其他方式，創造情緒的「妥協點」。

再者，**像這樣繞遠路思考解決的方法，更容易浮現前所未有的獨特創意。**

舉例來說，如果將有借無還的怒氣轉換成創意，「以抽獎的方式贈送被借走的DVD的活動」就比「像討債集團一樣的人來將有借無還的物品暴力討回的服務」更和平。

抱持著寬大的心胸，姑且去試圖理解憤怒對象，這樣的思考過程能夠去除負面情緒中的攻擊性，想到有趣的創意。

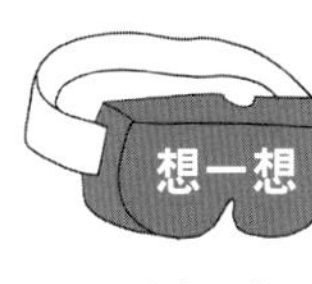

請回想最近覺得火大的事情，並試著思考解決怒氣的方法。

我對於時尚的人感到火大。因為我自己一點也不時尚。前一陣子穿著我最好的衣服去看阿嬤，結果阿嬤問我「你沒錢買衣服嗎？」還塞給我一萬日圓，讓我完全失去自信。

當我走進時尚的服飾店，就會覺得店員在嘲笑我；當我走在表參道時，就會因為忙著讓路給迎面走來、打扮得像是模特兒的人而完全無法前進。

我心想，不就是因為時尚的人存在，我才會遭遇這種事情嗎……於是製作了「讓所有人都會變俗氣的AR眼鏡」。只要戴上這個眼鏡，眼前每個人的衣服都會看起來變俗氣。

即使穿著潮牌，也會變成小混混常穿的、有小狗刺繡的厚T，或是國中生常穿的，印著骷髏頭或英文字母的長T。有了這個眼鏡，我心中的憤怒似乎也能平息。

讓所有人都看起來變俗氣的 AR 眼鏡

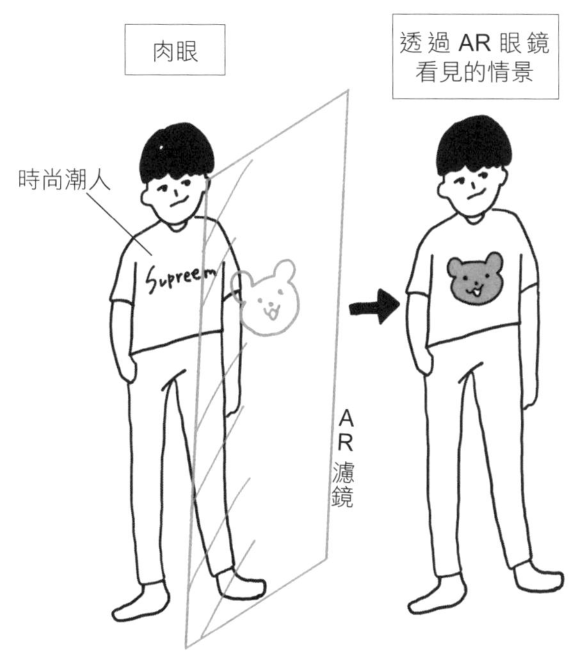

透過 AR 眼鏡，
就算是時尚潮人看起來也會變得很土。

63 從「嫉妒」開始思考

除了「憤怒」之外，我也經常從「嫉妒」開始思考創意。

譬如星巴克的店員似乎會因為一時興起，而在紙杯上寫句「Thank you」或是「讀書加油」之類的留言，帶給顧客一點幸福感。

我還滿常去星巴克的，但每次拿到的都是空白的紙杯，所以我一直以為這或許是個都市傳說。但與身邊的人提起這件事情時，大家都彷彿覺得理所當然似的，說起自己也收過有留言的紙杯。

不久之前，我兩旁的人的紙杯上，都寫著「Thank you」的文字，還畫上小兔子的插圖。我急忙觀察自己的紙杯，果然什麼也沒寫。我在心裡咬著手帕。

像嫉妒這種負面的情緒，平常不會展露出來，自己也會想要壓抑，因此在日常生活中，或許沒什麼機會清楚感受「嫉妒」的情緒。

然而這種負面的情緒也是自己的一部分。雖然不需要積極地想「我來感受嫉妒吧！」但突然發現自己心生嫉妒時，可以發揮想像力，嘗試從新的視角思考。

此外，這也和來自「憤怒」的創意一樣，隱藏著演變成對別人帶有攻擊性的可能。

所以我從嫉妒的情緒思考創意時，會留意一件事情，那就是嫉妒的對象是否也會失笑。「對方絕對會生氣……」的創意就讓它留在腦海裡，不要付諸實行，因為我不想惹對方生氣。

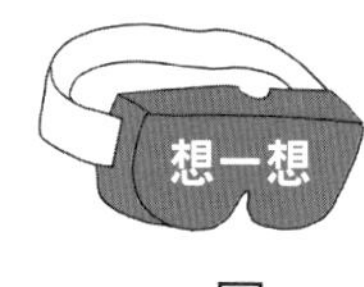

回想嫉妒的經驗，思考能夠平息這種情緒的創意。

舉例來說，如果從「只有自己的星巴克紙杯什麼也沒寫」的狀況思考，會得到什麼創意呢？

如果有個機器，只要將星巴克的紙杯裝進去，並壓下把手，就能印上彷彿店員寫下的文字，自己就能夠無限地重現星巴克的紙杯留言。這麼一來，嫉妒心應該也能平息了。

星巴克留言蓋章機

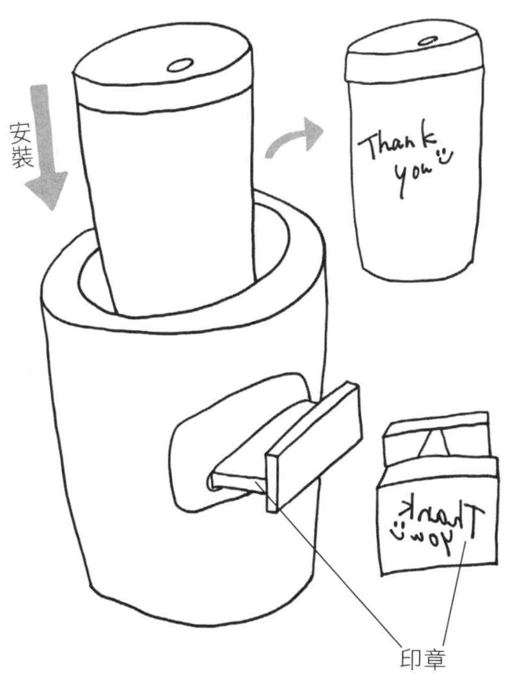

靠著自己的力量，
隨時都能假裝收到來自星巴克店員的留言。

注意「愉快的情緒」

我寫太多負面情緒的內容了。然而負面情緒比較容易成為創意，正面情緒反而較難變成點子。雖然這或許是我自己的個性問題，但我寧願相信一般而言也是如此。

那麼「開心」或「愉快」之類的正面情緒，該如何變成創意呢？

回想起愉快的事情或得到快感的事情，就會產生「好想再一次體驗那種爽快感……」的欲望。

譬如「自己被捧上天時的驕傲感」「捏破泡泡紙的快感」「撫摸貓咪時的幸

福感」等。如果心血來潮的時候，隨時都能體驗這樣的快感，那就太棒了。

因為這樣的欲望，誕生了能夠無止盡地享受泡泡紙快感的玩具「無限泡泡紙」，而且還爆紅；還有手感就像貓咪的附尾巴抱枕「Qoobo」（撫摸它會揮動尾巴），這項商品也熱賣。

正面的情緒，能透過捕捉存在其中的欲望形成創意。開心或愉快的事情，只要以「如何持續」「如何讓別人體驗」「該怎麼做才能隨時體驗」為中心思考，就能擴大想像力。

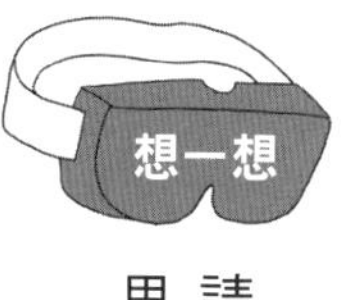

請回想最近「覺得愉快的事情」，思考該怎麼做才能維持這種感覺。

我最喜歡被無所顧忌地稱讚了，所以製作了「說客套話的白雪公主魔鏡」。

童話「白雪公主」中，魔女使用的魔鏡總是會稱讚魔女，但某天卻說了實話

「白雪公主更美麗」，魔女聽了之後，就決定殺掉白雪公主。真是個不會看臉色的鏡子，不知道什麼是客套嗎？

所以我製作的魔鏡，會不斷無所顧忌地稱讚我「藤原小姐，你是真本事呢！」「大家都說藤原小姐很厲害」「咦？站在我面前的是佐佐木希小姐吧？」聽起來非常爽快。

○　○　○

將自己心中的情緒當成出發點，能夠想到非常具有自己本色的創意。

我日復一日地在「無用發明」中，從各式各樣的情緒思考創意、製作機器。我總是將負面的情緒化為詞語，如果連負面的情緒都能變成創意，就不會再害怕討厭的事情。從情緒開始思考創意，也能成為自己的救贖。

只說客套話的魔鏡

這個鏡子和「白雪公主」的魔鏡不同，
總是會無所顧忌地稱讚我。

8

Chapter

從「思考方式」開始思考

如何進入思考模式

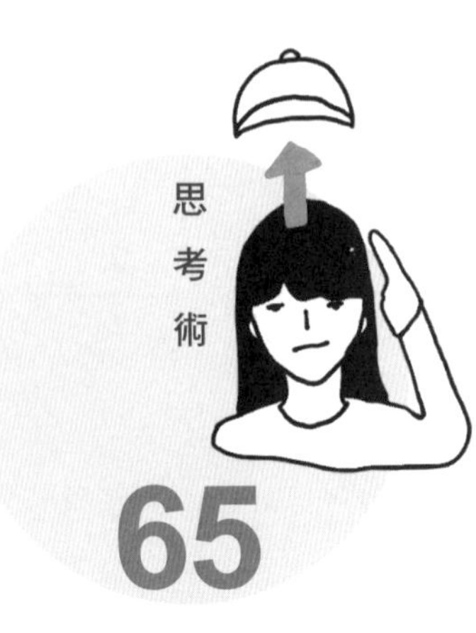

65 從「思考方式」開始思考

每個人都一定希望盡可能在短時間內想出好的創意。

回想過去思考創意的時間，有時候幾分鐘就能想到絕妙的點子，但也曾有過好幾天都想不出來的經驗。

製作定型化文書的作業，譬如將數字輸入 Excel，能夠在一定程度上預測需要的時間；但創意卻沒有人會知道能在什麼時候想出來，這也是一種非常痛苦的經驗。

那麼，什麼樣的思考法才有效率呢？平常該注意哪些事情，才能打造容易想到創意的大腦呢？

思考創意時，時間、地點、如何面對自己的思緒非常重要。

「這樣的方法我比較容易想出創意。」

「這個地方會讓我有靈感。」

如果自己能夠找到這種適合的方式，就能成為思考創意時的強大助力，一旦必須思考的時候，就能運用這樣的方法與環境，進入思考模式。

本章將整理我所實踐的「思考習慣」。

66 在「短時間」內思考

思考創意的方式可以參考「大喜利（譯注：一種類似腦筋急轉彎的遊戲，參賽者根據題目，想出有趣的妙答）」，我想也有很多人都在電視上看過落語家或喜劇演員玩這個遊戲。

假設題目是「我討厭的老師」，回答者就給出「過了一個暑假，頭髮就染成金色的老師」「總是忘記課本的老師」之類的機智妙答。

每個題目通常只有十分鐘到十五分鐘可以思考，回答者的大腦必須在短時間內全速運轉，想出一個又一個的答案。即使有更多的時間能夠仔細思考一道題目，恐怕也不會想出更有趣的回答。

只要觀察大喜利，就會很清楚人類思考創意的方式有不同的階段。

最先想出的是誰都想得到的回答。但只要繼續給出一個又一個的答案，就會產生只有這個人才能想到的獨特性。但如果再繼續下去，答案又會漸漸變得難以理解。

針對同一個題目持續思考，發想個一週，甚至兩週，答案就會變得讓人搞不清楚趣味之處在哪裡。換句話說，我們可以從大喜利學到兩件事情。

第一是盡可能不顧一切輸出更多創意，第二是不要漫無止盡地想個沒完沒了，而是要設定好時間，在短時間內結束。

無論是單獨思考，還是幾個人聚集在一起思考，如果不設定結束的時間，一定會永無止盡地想下去。思考創意就和大喜利一樣，如果思考時間長達好幾週，恰到好處的創意就會逐漸遠去。

我在思考 YouTube 頻道的名字時也是，明明早就想出「無用發明」這個方案了，依然漫無止盡地想了二、三個禮拜，最後差點變成了「藤原麻里菜的愉快頻道」。

思考創意時設定三十分鐘到一小時左右的時間，在這段時間內將想到的點子寫出來仔細評估。

時間截止後先暫時休息，改天再重新思考。這才是思考創意最有效率的方法。

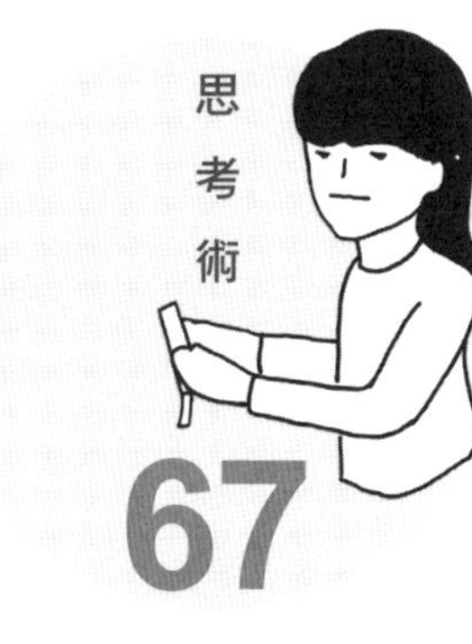

67

發呆思考

創意要在短時間內想出來。但除此之外的時間，最好也過著看似沒在動腦，實則又像在動腦的生活。

生活中有許多空閒時間。譬如通勤中、聽別人聊沒有興趣的話題，或是等人的時候。這種時候也總是將必須思考的主題放在腦中的某個角落，就能讓思考更加延伸。

日本有個「三年寢太郎」的民間故事。某個村子遭遇嚴重乾旱，村民都不知道該怎麼辦，愛睡覺的寢太郎，卻在這時連續睡了三年，村民氣憤地說「這傢伙太離譜了」，甚至還企圖將他殺害。

就在這時候，寢太郎剛好突然醒來，他去到山上，將巨大的岩石從山上推落，創造出水流，解除了村子的乾旱危機。原來寢太郎假裝在睡覺，其實一直思考該怎麼拯救村子。

雖然吐槽民間故事太無聊，但就我來看，寢太郎單純只是在睡覺。

大家有沒有過這樣的經驗呢？遭遇難題時，放棄思考先去睡覺，醒來之後卻看見解決的曙光。實際上，據說人腦在睡覺時，並非單純在休息，而是從事著整理記憶與資訊之類的維護活動。

寢太郎藉由將「村子的乾旱」這項課題放在腦中的某個角落陷入沉眠，不僅能使精神狀態免於不安與混亂，還能整理問題，得到解決的靈感。而正因為他睡了三年，頭腦昏沉，才能在半夢半醒之間果斷做出推落岩石的行動……這是我的解釋。

雖然再怎麼樣也不可能睡三年，但不是只有面對桌子才能思考。發呆的時候也一樣，大腦看似沒在動，實際上卻努力運作。

所以面對書桌卻想不出創意的時候，乾脆從事一些不花腦力的活動，譬如上床睡覺，或是開始燉煮食物等，讓頭腦放鬆一下也很重要。

但如果完全忘記該思考的事情，就會變成真的只是在發呆。即使在日常生活中發呆的瞬間，也必須將思考的主題放在腦中的某處。雖然不是什麼新方法，但最好把該思考的事情寫在便條紙上隨身攜帶，或是寫在紙上擺在看得見的地方。

除此之外，我還給了自己一項重要規定，那就是即使思考的事情麻煩無比，我也要每天撥出一定程度的時間認真面對，絕對不逃避。

讓自己滿腦子都是這個問題，用盡全力徹底思考過後，才能在「發呆時間」突然浮現絕佳創意。

思考術

68

放棄抵抗「雜念」

唯有在必須思考的時候，才會在意起完全無關的事情。譬如昨天那部影集的後續，或是回朋友的LINE。

有時候也會回過神來發現自己在滑手機。即使將手機電源關閉，收進包包深處或抽屜裡，想辦法專注精神，還是會一個不小心就發現自己不知道為什麼拿著手機在滑推特，人類真的很可怕。

思考創意的時候，「該如何專注精神」是個相當困難的問題。

提高專注力的方法，已經有正經的人整理成正經的書，我在這裡想要告訴大家「放棄抵抗雜念」的好處。

我在上一節提到，生活中無意識地將題目放在腦中，更容易產生靈感，而明明想要思考創意，卻被雜念打敗。開始做起其他事情的時候，就處在這樣的狀態。

原本發憤圖強，告訴自己「我要思考了！」回過神來卻開始滑手機，或是想些不重要的事情，這種時候罪惡感也會推一把，讓原本應該思考的主題在腦中的某個角落浮現。不管再怎麼沉迷於社群網路遊戲，還是會突然感受到「我得思考那個主題才行……」這種時候也可說是思考創意的狀態。

不過，相較於全神貫注思考的狀態，分心時不保證能夠想出有用的創意。雖然這個方法不一定周全，但暫時脫離問題時，經常能夠從想到完全不同的方法。因此，社群網路遊戲成為創意的契機也非絕不可能。

不需要勉強自己專注於思考，隨心所欲地查資料、玩遊戲、看影片，也可能藉此從不同於專注時的視角浮現出創意，還能為想要偷懶的自己找藉口。

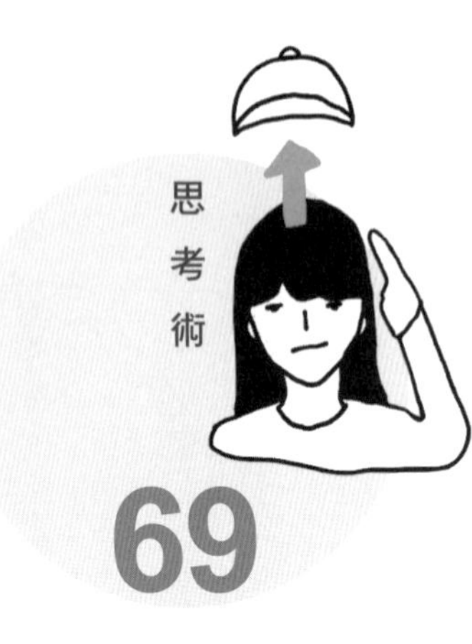

「懶散」與「精實」交替

「放棄抵抗雜念，懶懶散散地思考是一件很棒的事情」單純只看這句話似乎缺乏說服力，因此再多為大家介紹一些對創意有幫助的方法。

「輸入」資訊的時間，對於思考也很重要。我想很多人都已經知道這點。而說到「輸入」，或許有人會想到讀書或看電影。這些當然也很重要，但思考創意時，最有效的還是手機。

社群媒體、YouTube、娛樂新聞……手機中簡短的資訊，每分每秒都在更新。如果書本或電影是花二、三個小時了解一項主題的工具，那麼社群媒體這種工具的優點，就是幾秒鐘就能認識一則淺薄的資訊。後者扮演的角色就像閃卡，能為思考創意時的輸入帶來幫助。

我面對著書桌思考創意時，首先會漫無目的地滑手機。這麼做或許看似沒有生產性，但這種沒有生產性的行為才能刺激思考。

譬如「線上聚餐逃離鈕」，就是在漫無目的地滑推特時，看到「線上聚餐漫無止盡，不知道什麼時候該結束」的抱怨而想到的機器。我自己也多少有點這種感覺，因此這句抱怨就成為靈感。

製作揍拳擊機就送出道歉信的「道歉信拳擊機」時，則是在 YouTube 上看到高速打沙包的影片而想到的點子。

漫無目的地瀏覽網路，能夠刺激思考，察覺沒有意識到的課題。不過，如果只有漫無目的地滑手機，也很難浮現創意。

我是個懶散的人，所以也常常用「為了思考創意，這也是重要的工作……」為藉口，漫無目的滑了一個小時的手機，最後什麼也沒有想到就去睡覺。

所以現在為了提高思考效率，在思考創意時會做好時間管理，譬如「漫無目的滑三十分鐘手機，接著面對紙張思考三十分鐘」。

面對紙張思考的時候，我會把剛才感興趣的留言、依稀留在腦海裡的題目寫在紙上，由此開始思考，就更容易拓展想法。

在規定的時間內從事沒有生產性的行為，就能打造更容易有效率產生創意的環境。

思考術

70

將創意「條列」

遺忘是人類這種生物的天性，而我在人類當中更是特別健忘，所以會盡量將想到的創意製成列表儲存起來。

雖然我製作的是「無用發明」，但在這方面卻使用線上軟體製成表格以便確實提高效率。**表格盡量維持在一頁，方便一眼迅速確認。**

如此一來，當我因為構思新創意而煩惱時，就能依賴過去的自己。

條列創意時最重要的是標籤分類。我在創意的標題旁，追加了一欄「想要實現的程度」。

我根據自己對每項創意的興奮程度，標示「實行」「再考慮一下」或者「還是算了」的標籤進行區分。

我如果興奮地認為「這個創意太棒了！」就標示「實行」；如果感到猶豫「或許做了之後會發現很有趣，但真的是這樣嗎……」就標示「再考慮一下」。

如果多看幾次頁面，覺得「這個點子好像不實現也所謂」，我也不會從表格刪除，而是標示「還是算了」的標籤。

至於為什麼不刪除，是因為日後回過頭來看的時候，或許會從這個創意聯想到其他創意，無聊的創意也不可能完全沒幫助。

接下來實現創意時，也會以同樣的方式將具體的方法、障礙與必須思考的事情整理起來。如果是「無用發明」，也經常會附上設計圖。

我希望盡可能讓未來的自己能夠順利活用創意，也希望在未來的人生當中都能稱讚過去的自己「做得不錯」。

而且思考實現創意的方法、畫設計圖，就能在過程中發現創意的本質性錯誤，偶爾也有聯想到其他創意的效果。

以「想要實現的程度」整理

人名	活動
名片裁紙機	實行
VR 撒錢機	再考慮一下
花俏掃地機器人	實行
遙控器呼叫笛	還是算了
說教阿明	實行了

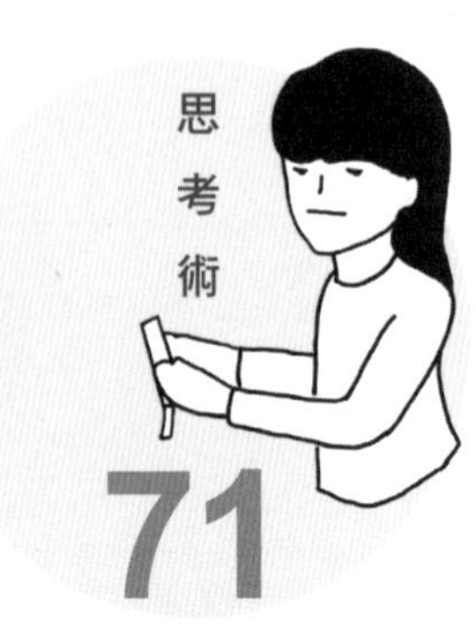

思考術

71

總是從「各種角度」看事情

即使與別人看見同樣的事物，也能產生與眾不同的感受。具備多少這樣的能力，對於想出有趣的創意而言非常重要，所以平常就應該養成從映入眼簾的事物中做出各種聯想的習慣。

譬如散步的時候，看到地上有個壓扁的鋁罐。雖然這是一幅無關緊要的光景，卻能進行許多聯想。

舉例來說，可以尋找形狀類似的事物。我之前看到壓扁的鋁罐時，覺得看起來像一疊圓形便利貼。如果把便利貼做成壓扁鋁罐的形狀如何呢？大概沒有人會要吧？但是我卻有點想買。

或者也可以想像虛構的背景故事，譬如這個鋁罐可能被人亂丟，結果被卡車之類的壓扁。不過，這樣的推測太平凡了，應該試著脫離常理思考其他可能性。

說不定拿著這個鋁罐的人被壓進地面，但是只有鋁罐壓不進去，於是以壓扁的狀態留下來，或是被有超能力的人一時興起壓扁的。

我希望大家平常就像這樣，養成**對於看到、聽到的事物發揮想像力的習慣。**

思考就會在這樣的過程中變得愈來愈愉快。如果試著將本書到此為止介紹的各種看待事物的視角加進生活當中，一定能夠感受到創意包羅萬象的可能性。

【結語】

書寫關於思考的內容，需要一點勇氣

如同我所從事的「無用發明」製作，我自己就是個沒有效率的集合體，既缺乏專注力，也不擅長以符合邏輯的方式思考事情，淘汰的創意堆積如山，偶爾也會因為思慮不周而想出偏差的創意。

最後的最後想要跟大家聲明，思考沒有正確答案，本書所寫的內容也完全不具正確性。

雖然我覺得自己的思考方式不正確，但這些都是我在製作「無用發明」當中，不知不覺累積起來的智慧，或者該說是訣竅。

這些訣竅沒有到發想法這麼有系統，我在撰寫本書時，都是從將這些訣竅確實分類，寫成清楚易懂的文字開始。

書寫的過程中，我自己下意識採用的思考方法逐漸變得明確，說起來完全是自我滿足，有點不太好意思，但在思考停滯時，我甚至也會回過頭翻閱、應用。

尤其本書開頭提到的「擁有自己的視角，思考獨特的創意」也具有泛用性不是嗎？

創意也是自我表現。雖然思考正經的創意很重要，但學會從自己獨一無二的視角思考創意的方法，就能讓人生變得稍微有趣一點。

如果能將本書當成參考，即使是接受別人委託而不得不思考的創意，也能隨心所欲地發揮想像力。

一旦養成隨心所欲發揮想像力的習慣，就算別人沒有要求，想法也會源源不絕冒出來，推動自己的人生。

好的不如壞的，完美的不如有缺陷的，強大的不如弱小的，堅固的不如脆弱的，合理的不如無用的，簡單的不如麻煩的，正經的不如有趣的……

儘管如此發想，還是能將翻轉的事物進一步翻轉，毅然決然地將思考拐進岔路。

反覆這樣的過程，生活中的一切經驗——無論悲傷還是快樂，都能成為創意的泉源。如此一來，就能想出怪到令人驚訝，自己卻又覺得合理的創意。

思考能讓人生變得豐富。

我希望自己能夠拋開任何束縛，不，即使有束縛，也能在束縛當中，以最大限度的自由且愉快地運用自己的大腦持續思考。

Eurasian Publishing Group
圓神出版事業機構
用心與你對話・視野無限寬廣
如何出版社
Solutions Publishing

www.booklife.com.tw　　reader@mail.eurasian.com.tw

idealife 034

鬼才思考術：4000萬人都崇拜的無用發明家，腦洞大開的71個練習

考える術——人と違うことが次々ひらめくすごい思考ワザ71

作　　者／藤原麻里菜
譯　　者／林詠純
發 行 人／簡志忠
出 版 者／如何出版社有限公司
地　　址／臺北市南京東路四段50號6樓之1
電　　話／（02）2579-6600・2579-8800・2570-3939
傳　　真／（02）2579-0338・2577-3220・2570-3636
總 編 輯／陳秋月
副總編輯／賴良珠
責任編輯／丁予涵
校　　對／丁予涵・柳怡如
美術編輯／李家宜
行銷企畫／陳禹伶・朱智琳
印務統籌／劉鳳剛・高榮祥
監　　印／高榮祥
排　　版／陳采淇
經 銷 商／叩應股份有限公司
郵撥帳號／18707239
法律顧問／圓神出版事業機構法律顧問　蕭雄淋律師
印　　刷／祥峰印刷廠
2022年2月 初版

KANGAERU JUTSU
by Marina Fujiwara

Original Japanese edition published by Diamond, Inc.
This Complex Chinese edition is published by arrangement with Diamond, Inc. through Future View Technology Ltd.

定價 310 元　　ISBN 978-986-136-611-1　　

「思考」這個行爲沒有合理的流程。

切入點與契機愈多，愈能從中開枝散葉，得到多元的創意。即使這個創意不實用、脫離現實也無所謂。首先請大家放輕鬆，在腦中竭盡所能地惡搞，感受發散的思考吧！

——《鬼才思考術》

國家圖書館出版品預行編目資料

鬼才思考術：4000萬人都崇拜的無用發明家，腦洞大開的71個練習／
藤原麻里菜 作；林詠純 譯.
-- 初版. -- 臺北市：如何出版社有限公司，2022.02
272 面；14.8×20.8 公分. --（idealife；34）
譯自：考える術：人と違うことが次々ひらめくすごい思考ワザ 71
ISBN 978-986-136-611-1（平裝）
1. 思考　2. 創造性思考
176.4　110021030